Сборник русских рассказов
двадцатого века

Dans la collection *Premières lectures en...*

Los Chicos
L'Umiltà ed altri racconti
Le Lettere anonime ed altre storie
Die Puppe
The Umbrella Man and Other Short Stories

Dans la collection *Lire en...*

Lire en anglais

Thirteen Modern English and American Short Stories
Seven American Short Stories
Nine English Short Stories
A Long Spoon and Other Short Stories
Simple Arithmetic and Other American Short Stories
English Ghost Stories
English Crime Stories of Today
The British Press of Today
The American Press of Today
American Detective Stories of Today (Hammett — Chandler)
Roald Dahl : Someone Like You / The Hitch-Hiker / Mr Botibol
Somerset Maugham : The Escape / The Flip of a Coin
F. Scott Fitzgerald : Pat Hobby and Orson Welles
Ray Bradbury : Kaleidoscope / Martian Chronicles
                    A Story of Love / The Last Circus
Saki : The Seven Cream Jugs / The Open Window
John Steinbeck : The Snake
Willam Faulkner : Stories of New Orleans
Ernest Hemingway : The Killers / The Old Man and the Sea
Truman Capote : Breakfast at Tiffany's / Handcarved Coffins
Patricia Highsmith : Please Don't Shoot the Trees
                    Trouble at the Jade Towers
Fred Uhlman : Reunion *(L'ami retrouvé)*
James Joyce : Dubliners
Graham Greene : The Basement Room / The Third Man

Lire en allemand

Moderne Erzählungen
Deutsche Kurzgeschichten
Zwanzig Kurzgeschichten des 20. Jahrhunderts
Geschichten von heute
Die deutsche Press
Heinrich Böll : Der Lacher / Die verlorene Ehre der Katharina Blum
Stefan Zweig: Schachnovelle
Rainer Maria Rilke : Briefe an einen jungen Dichter *(Suite en page 4)*

Arthur Schnitzler : Fraule
Franz Kafka : Brief an der
Patrick Süskind : Der Kon
Friedrich Dürrenmatt : Der

Lire en espagnol

Cuentos del mundo hispáni
Cuentos selectos
Cuentos fantásticos de Ame
Cuentos de América. Destin
Los cuentos vagabundos y c
Jorge Luis Borges : La Intru
Camilo José Cela : La Famil
Julio Cortázar : La noche bo

Lire en italien

L'Avventura ed altre storie
Novelle italiane del nostro se
Italo Svevo : La novella del b
Alberto Moravia : L'Angelo o

Lire en portugais

Contos contemporâneos (Port

Lire en français

Nouvelles françaises contemporaines
Maupassant : Pierrot et autres nouvelles
Madame Baptiste et autres no
Jules Renard : Poil de Carotte

Lire en russe

A. Tchekhov : Aniouta et autres nouvelles
N. Berberova : L'Accompagnatrice

Lire en arabe

Nouvelles du monde arabe

La collection "Les langues modernes" n'a pa
les ouvrages qu'elle publie sont sous sa se

© VAAP pour les nouvelles de B. Okoudjav
rêve) E. Popov et V. Lakchine (Le Regard)
© Institut Litteraire pour le texte de N. Arjak
World © Alexandre Soljenitsyne 1978 pour
© Succession Ivan Bounine, 1937 pour le te
Droit réservés pour les nouvelles de A.
E. Zamiatine
© Librairie Générale Française, 1994 pour la

Tout naturellement, après quelques années d'études d'une langue étrangère, naît l'envie de découvrir sa littérature. Mais, par ailleurs, le vocabulaire dont on dispose est souvent insuffisant. La perspective de recherches lexicales multipliées chez le lecteur isolé, la présentation fastidieuse du vocabulaire, pour le professeur, sont autant d'obstacles redoutables. C'est pour tenter de les aplanir que nous proposons cette nouvelle collection.

Celle-ci constitue une étape vers la lecture autonome, sans dictionnaire ni traduction, grâce à des notes facilement repérables. S'agissant des élèves de lycée, les ouvrages de cette collection seront un précieux instrument pédagogique pour les enseignants en langues étrangères puisque les recommandations pédagogiques officielles (Bulletin officiel de l'Éducation nationale du 9 juillet 1987 et du 9 juin 1988) les invitent à «faire de l'entraînement à la lecture individuelle une activité régulière» qui pourra aller jusqu'à une heure hebdomadaire. Ces recueils de textes devraient ainsi servir de complément à l'étude de la civilisation. Celle-ci sera également abordée dans des volumes consacrés aux presses étrangères.

Le lecteur trouvera donc :
En page de gauche
Des textes contemporains — nouvelles ou courts romans — choisis pour leur intérêt littéraire et la qualité de leur langue.

En page de droite

Des notes juxtalinéaires rédigées dans la langue du texte, qui aident le lecteur à

Comprendre

Tous les mots et expressions difficiles contenus dans la ligne de gauche sont reproduits en caractères gras et expliqués dans le contexte.

Observer

Des notes d'observation de la langue soulignent le caractère idiomatique de certaines tournures ou constructions.

Apprendre

Dans un but d'enrichissement lexical, certaines notes proposent enfin des synonymes, des antonymes, des expressions faisant appel aux mots qui figurent dans le texte.

Vocabulaire

En fin de volume une liste de plus de 2000 mots contenus dans le texte, suivis de leur traduction, comporte, entre autres, les mots qui n'ont pas été annotés faute de place ou parce que leur sens était évident dans le contexte. Grâce à ce lexique on pourra, en dernier recours, procéder à quelques vérifications ou faire un bilan des mots retenus au cours des lectures.

Henri Yvinec

Содержание

Булат Окуджава
Девушка моей мечты

Б.Окуджава (1924) стал известен в Советском Союзе в первую очередь как "бард", то есть как сочинитель и исполнитель стихотворений-песен. В этих чрезвычайно популярных песнях, простых и трогательных, узнавали себя все поколения.

Помимо песен, Окуджава также автор исторических романов о России XIX-го века и нескольких очень тонких автобиографических рассказов, где он говорит о своей молодости.

В "Девушке моей мечты" (1985) Б.Окуджава рассказывает о встрече после долгой разлуки молодого человека и его матери, вернувшейся из сталинских лагерей. Прибегая к простой и классической форме, никогда не повышая голоса и избегая всякой патетики, Булат Окуджава дает нам почувствовать, как трудно двум нежно любящим друг друга людям встретиться и понять друг друга. Мать со всем своим лагерным опытом не может войти, несмотря на все усилия сына, в мирную и красочную жизнь живописного Тбилисси.

Вспоминаю, как встречал маму в 1947 году.

Мы были в разлуке десять лет. Расставалась она с двенадцатилетним мальчиком, а тут был уже двадцатидвухлетний молодой человек, студент университета, уже отвоевавший, раненный, многое хлебнувший, хотя, как теперь вспоминается, несколько поверхностный, легкомысленный, что ли. Что-то такое неосновательное просвечивало во мне, как ни странно.

10   Мы были в разлуке десять лет. Ну, бывшие тогда обстоятельства, причины тех горестных утрат, длительных разлук — теперь все это хорошо известно, теперь мы все это хорошо понимаем, объясняем, смотрим на это как на исторический факт, иногда даже забывая, что сами во всем этом варились, были участниками тех событий, что нас самих это задевало, даже ударяло и ранило.

Тогда десять лет были для меня громадным сроком, не то что теперь: годы мелькают, что-то по-
20   щелкивает, словно в автомате, так что к вечеру, глядишь, и еще нескольких как не бывало, а тогда почти вся жизнь укладывалась в этот срок и казалась бесконечной, и я думал, что если я успел столько прожить и стать взрослым, то уж мама моя — вовсе седая сухонькая старушка… И становилось страшно.

Обстоятельства моей тогдашней жизни были вот какие. Я вернулся с фронта, и поступил в Тбилисский университет, и жил в комнате первого этажа, которую мне оставила моя тетя, переехавшая в другой город. Учился я на филологическом факультете,
30   писал подражательные стихи, жил, как мог жить одинокий студент в послевоенные годы — не зага-

в разлуке: далеко друг от друга □ **расставалась с:** ушла от него, когда ему было 12

отвоевавший: кончивший войну □ **хлебнувший:** испытавший много тяжёлого □ **несколько:** немного
поверхностный: несерьезный □ **что ли:** может быть
неосновательное: неразумное □ **просвечивало:** проявлялось
как ни: несмотря на то, что

обстоятельство: положение □ **горестная утрата:** тяжёлая потеря

участник: тот, кто принимает участие
задевало: волновало, обижало

громадный: очень большой □ **срок:** промежуток времени
мелькают: быстро проходят
пощёлкивать: слегка щёлкает, ударяет □ **словно:** как
как не бывало: как будто и не было (их, т.е. лет)
укладываться: находить себе место
столько: так много (лет)
вовсе: совершенно
сухонькая: сухая, т.е. очень худая
тогдашний: см. тогда

филологический факультет: где изучают языки, литературу
подражательные: т.е. написанные по какому-нибудь образцу
не загадывая: не задумывая

дывая на будущее, без денег, без отчаяния. Влюб-
лялся, сгорал, и это помогало забывать о голоде, и
думал, бодрясь: жив-здоров, чего же больше? Лишь
тайну черного цвета, горькую тайну моей разлуки
хранил в глубине души, вспоминая о маме.

Было несколько фотографий, на которых она молодая, с большими карими глазами; гладко зачесан-
ные волосы с пучком на затылке, темное платье с
белым воротничком, строгое лицо, но губы вот-вот
10 должны дрогнуть в улыбке. Ну, еще запомнились
интонации, манера смеяться, какие-то ускользающие ласковые слова, всякие мелочи. Я любил этот
потухающий образ, страдал в разлуке, но был он
для меня не более чем символ, милый и призрачный,
высокопарный и неконкретный.

За стеной моей комнаты жил сосед Меладзе, пожилой, грузный, с растопыренными ушами, из которых лезла седая шерсть, неряшливый, насупленный, неразговорчивый, особенно со мной, словно
20 боялся, что я попрошу взаймы. Возвращался с работы неизвестным образом, никто не видел его входя-
щим в двери. Сейчас мне кажется, что он влетал в
форточку и вылетал из нее вместе со своим потер-
тым коричневым портфелем. Кем он был, чем занимался — теперь я этого не помню, да и тогда, наверное не знал. Он отсиживался в своей комнате, почти не выходя. Что он там делал?

Мы были одиноки — и он и я.

Думаю, что ему несладко жилось по соседству
30 со мной. Ко мне иногда вваливались компании таких же, как я, голодных, торопливых, возбужден-
ных, и девочки приходили, и мы пекли на сковород-

отчаяние: безнадёжность (без надежды)
сгорал: горел (под влиянием страсти)
бодрясь: стараясь сохранить энергию ☐ **лишь:** только

карий: тёмно-коричневый ☐ **гладко:** ровно ☐ **зачесать:** причесать назад ☐ **пучок:** *chignon* ☐ **затылок:** задняя часть головы
вот-вот: сейчас
дрогнуть: см. дрожать
ускользающие: быстро уходящие
всякие мелочи: все детали
потухать: гаснуть, исчезать
призрачный: как призрак, т.е. видение
высокопарный: торжественный, совсем не простой

растопыренные: *décollées*
седая шерсть: серые волосы ☐ **неряшливый:** неаккуратный
насупленный: хмурый, угрюмый
попрошу взаймы: попрошу у него денег

форточка: стеклянная дверца в окне ☐ **потёртый:** старый

отсиживался: укрывался от людей, сидел один

несладко жилось: плохо было ему (около меня)
вваливались: появлялись
возбуждённый: нервный
пекли: приготовляли ☐ **сковородка:** *poêle*

ке сухие лепешки из кукурузной муки, откупоривали бутылки дешевого вина, и сквозь тонкую стену к Меладзе проникали крики и смех, и звон стаканов, шепот и поцелуи, и он, как видно по всему, с отвращением терпел нашу возню и презирал меня.

Тогда я не умел оценить меру его терпения и высокое благородство: ни слова упрека ни разу не сорвалось с его уст. Он просто не замечал меня, не разговаривал со мной, и, если я иногда по-соседски про-
10 сил у него соли, или спичек, или иголку с ниткой, он не отказывал мне, но, вручая, молчал и смотрел в сторону.

В тот знаменательный день я возвратился домой поздно. Уж и не помню, где я шлялся. Он встретил меня в кухне-прихожей и протянул сложенный листок.

— Телеграмма, — сказал шепотом.

Телеграмма была из Караганды. Она обожгла руки. «Встречай пятьсот первым целую мама». Мелад-
20 зе топтался рядом, сопел и наблюдал за мной. Я ни с того ни с сего зажег керосинку, потом погасил ее и поставил чайник. Затем принялся подметать у своего кухонного столика, но не домел и принялся скрести клеенку...

Вот и свершилось самое неправдоподобное, да как внезапно! Привычный символ приобрел четкие очертания. То, о чем я безнадежно мечтал, что оплакивал тайком по ночам в одиночестве, стало почти осязаемым.

30 — Караганда? — прошелестел Меладзе.

— Да, — сказал я печально.

Он горестно поцокал языком и шумно вздохнул.

лепёшка: *galette* □ **откупоривать:** открывать, вытащив пробку

проникали: доносились до него

отвращение: крайне неприятное чувство

возня: шум, беспорядок □ **презирал:** не обращал внимания

благородство: честность □ **не сорвалось с его уст:** он никогда не произнес слова критики

по-соседски: как сосед

иголка: см. игла □ **нитка:** см. пить (чтобы шить)

вручать: отдавать в руки

знаменательный: важный и значительный

шляться: бродить без дела, гулять

прихожая: передняя (там и находится кухня) □ **сложенный:** *plié*

Караганда: крупный город в Казахстане □ **обожгла:** см. обжечь

топтался: переступал с ноги на ногу □ **сопел:** тяжело дышал

наблюдал: следил □ **ни с того ни с сего:** сразу же □ **керосинка:** примус □ **зажечь** # погасить □ **принялся:** начал □ **подметать:** см. мести, т.е. очищать метлой □ **домёл:** см. домести (т.е. до конца) □ **скрести:** тереть чем-нибудь жёстким □ **клеёнка:** *toile cirée* □ **свершилось:** совершилось □ **неправдоподобное:** невероятное □ **внезапно:** вдруг □ **чёткий:** ясный, точный

очертание: вид □ **безнадёжно:** без надежды

тайком: скрытно (тайна = секрет)

осязаемый: вполне реальный

прошелестел: прошептал

печально: грустно

поцокал: см. цокать = говорить не различая Ц и Ч

— Какой-то пятьсот первый поезд, — сказал я, — наверное, ошибка. Разве поезда имеют такие номера?

— Нэт, — шепнул он, — нэ ошибка. Пиатсот первый — значит пиатсот веселый.

— Почему веселый? — не понял я.

— Товарные вагоны, кацо. Дольго идет — всем весело, — и снова поцокал.

Ночью заснуть я не мог. Меладзе покашливал за
10 стеной. Утром я отправился на вокзал.

Ужасная мысль, что я не узнаю маму, преследовала меня, пока я стремительно преодолевал Верийский спуск и летел дальше по улице Жореса к вокзалу, и я старался представить себя среди вагонов и толпы, и там, в самом бурном ее водовороте, мелькала седенькая старушка, и мы бросались друг к другу. Потом мы ехали домой на десятом трамвае, мы ужинали, и я отчетливо видел, как приятны ей цивилизация и покой, и новые времена, и новые окрест-
20 ности, и все, что я буду ей рассказывать, и все, что я ей покажу, о чем она забыла, успела забыть, отвыкнуть, плача над моими редкими письмами...

Поезд под странным номером действительно существовал. Он двигался вне расписания, и точное время его прибытия было тайной даже для диспетчеров дороги. Но его тем не менее ждали и даже надеялись, что к вечеру он прибудет в Тбилиси. Я вернулся домой. Мыл полы, выстирал единственную свою скатерть и единственное свое полотенце, а сам
30 все время пытался себе представить этот миг, то есть как мы встретимся с мамой и смогу ли я сразу узнать ее — нынешнюю, постаревшую, сгорблен-

разве: возможно ли, чтобы

нэт: т.е. нет □ **пиатсот:** т.е. пятьсот (грузинский акцент)

кацо: братец (грузинское обращение) □ **дольго:** т.е. долго

покашливал: кашлял время от времени

преследовала: не оставляла меня в покое
стремительно: быстро □ **преодолевал спуск:** ловко спускался по

бурный водоворот: зд. беспорядочное движение людей
седенькая: с седыми волосами

отчётливо: ясно (см. отдать себе отчёт в чем-нибудь)
окрестности: окружающие места

отвыкнуть: привыкнуть

вне расписания: т.е. дополнительный
прибытие: см. поезда прибывают, т.е. приходят
диспетчер: работник, регулирующий транспорт

выстирал: см. стирать (мыть)
скатерть: кусок ткани, которым покрывают стол
полотенце: кусок ткани, которым вытирают что-нибудь

нынешний: см. ныне = теперь □ **сгорбленный:** сутулый

ную, седую, а если не узнаю, ну не узнаю и пробегу мимо, и она будет меня высматривать в вокзальной толпе и сокрушаться, или она поймет по моим глазам, что я не узнал ее, и как это все усугубит ее рану...

К четырем часам я снова был на вокзале, но пятьсот веселый затерялся в пространстве. Теперь его ждали в полночь. Я воротился домой и, чтобы несколько унять лихорадку, которая меня охватила,
10 принялся гладить скатерть и полотенце, подмел комнату, вытряс коврик, снова подмел комнату... За окнами был май. И вновь я полетел на вокзал в десятом номере трамвая, в окружении чужих матерей и их сыновей, не подозревающих о моем празднике, и вновь с пламенной надеждой возвращаться обратно уже не в одиночестве, обнимая худенькие плечи... Я знал, что, когда подойдет к перрону этот бесконечный состав, мне предстоит не раз пробежаться вдоль него, и я должен буду в тысячной
20 толпе найти свою маму, узнать и обнять, и прижаться к ней, узнать ее среди тысяс других пассажиров и встречающих, маленькую, седенькую, хрупкую, изможденную...

И вот я встречу ее. Мы поужинаем дома. Вдвоем. Она будет рассказывать о своей жизни, а я — о своей. Мы не будем углубляться, искать причины и тех, кто виновен. Ну случилось, ну произошло, а теперь мы снова вместе...

...А потом я поведу ее в кино, и пусть она отдох-
30 нет там душою. И фильм я выбрал. То есть даже не выбрал, а был один-единственный в Тбилиси, по которому все сходили с ума. Это был трофейный

высматривать: искать глазами, чтобы найти
сокрушаться: печалиться, тосковать
усугубит: усилит

затерялся: пропал □ **в пространстве:** т.е. неизвестно где
воротился = вернулся
унять лихорадку: т.е. успокоиться
гладить: делать гладким с помощью утюга
вытряс: очистил тряся □ **коврик:** маленький ковёр

чужих: других, неизвестных
не подозревающих: которые ничего не знали
вновь: опять □ **пламенная:** сильная, страстная
худенькие: т.е. худые (≠ толстые, полные)

состав: т.е. поезд □ **предстоит:** надо будет

прижаться: придвинуться близко к (см. жать)

хрупкая: слабая, нежная
измождённая: в состоянии крайней усталости
вдвоём: т.е. мать и сын

углубляться: вдаваться в подробности
виновен: виноват (т.е. чья вина)

отдохнёт душою: т.е. ей легче будет

сходили с ума: теряли голову □ **трофейный:** получивший призы

фильм «Девушка моей мечты» с потрясающей, неотразимой Марикой Рёкк в главной роли. Нормальная жизнь в городе приостановилась: все говорили о фильме, бегали на него каждую свободную минуту, по улицам насвистывали мелодии из этого фильма, и из распахнутых окон доносились звуки фортепиано все с теми же мотивчиками, завораживавшими слух тбилисцев. Фильм этот был цветной, с танцами и пением, с любовными приключениями, с ко-

10 мическими ситуациями. Яркое, шумное шоу, поражающее воображение зрителей в трудные послевоенные годы. Я лично умудрился побывать на нем около пятнадцати раз, и был тайно влюблен в роскошную, ослепительно улыбающуюся Марику, и, хотя знал этот фильм наизусть, всякий раз будто заново видел его и переживал за главных героев. И я не случайно подумал тогда, что с помощью его моя мама могла бы вернуться к жизни после десяти лет пустыни страданий и безнадежности. Она уви-

20 дит все это, думал я, и хоть на время отвлечется от своих скорбных мыслей, и насладится лицезрением прекрасного, и напитается миром, спокойствием, благополучием, музыкой, и это все вернет ее к жизни, к любви и ко мне... А героиня? Молодая женщина, источающая счастье. Природа была щедра и наделила ее упругим и здоровым телом, золотистой кожей, длинными безукоризненными ногами, завораживающим бюстом. Она распахивала синие смеющиеся глаза, в которых с наслаждением тонули чув-

30 ственные тбилисцы, и улыбалась, демонстрируя совершенный рот, и танцевала, окруженная крепкими горячими беспечными красавцами. Она сопровожда-

потрясающая: необычная ☐ **неотразимая:** производящая сильное впечатление ☐ **Марика Рёкк:** популярная актриса тех лет ☐ **приостановилась:** остановилась на время

насвистывали: напевали свистя
распахнутых: широко открытых
мотивчики: мотивы ☐ **завораживавшие:** которые пленили
тбилисцы: жители Тбилиси (столица Грузии)
приключение: неожиданный случай
шоу: т.е. спектакль
воображение: фантазия
умудрился: нашёл средство
роскошная: замечательная
ослепительно: поразительно
наизусть: на память
заново: по-новому ☐ **переживал:** волновался

пустыня: пустое место ☐ **безнадёжность:** см. без надежды, зд. отчаяние ☐ **отвлечётся:** забудет
скорбные: печальные ☐ **лицезрением:** т.е. видя своими глазами ☐ **напитается:** наестся, насладится
благополучие: счастливая жизнь

источающая: т.е. наполняющая других счастьем ☐ **щедра:** богата ☐ **наделила:** ей дала ☐ **упругое:** сильное, плавное
безукоризненные: прекрасные, совершенные
распахивала: открывала
чувственные: т.е. сексуальные
демонстрируя: показывая

беспечные: свободные от забот

ла меня повсюду и даже усаживалась на старенький
мой топчан, положив ногу на ногу, уставившись в
меня синими глазами, благоухая неведомыми аро-
матами и австрийским здоровьем. Я, конечно, и
думать не смел унизить ее грубым моим бытом, или
послевоенными печалями, или намеками на горькую
карагандинскую пустыню, перерезанную колючей
проволокой. Она тем и была хороша, что даже и
не подозревала о существовании этих перенаселен-
ных пустынь, столь несовместимых с ее прекрас-
10 ным голубым Дунаем, на берегах которого она танцевала в счастливом неведенье. Несправедливость
и горечь не касались ее. Пусть мы... нам... но не
она, не ей. Я хранил ее как драгоценный камень и
время от времени вытаскивал из тайника, чтобы полюбоваться, впиваясь в экраны кинотеатров, про-
пахших карболкой.

На привокзальной площади стоял оглушительный
гомон. Все пространство перед вокзалом было запружено пестрой толпой. Чемоданы и узлы громоз-
20 дились на асфальте, смех, и плач, и крики, и ост-
рые слова... Я понял, что опоздал, но, видимо,
ненадолго, и еще была надежда... Я спросил сидя-
щих на вещах людей, не с пятьсот ли первым они
прибыли. Но они оказались из Батуми. От сердца отлегло. Я пробился в справочное сквозь толпу и крикнул о пятьсот проклятом, но та, в окошке, задерган-
ная и оглушенная, долго ничего не понимала, отвечая сразу нескольким, а когда поняла наконец, крикнула мне с ожесточением, покрываясь розовыми
30 пятнами, что пятьсот первый пришел час назад,
давно пришел этот сумасшедший поезд, уже нико-

топчан: койка из досок, кровать □ **уставившись:** смотря неподвижно □ **благоухать:** приятно пахнуть □ **неведомый:** неизвестный □ **австрийский:** см. Австрия

унизить: т.е. обидеть □ **быт:** жизнь

печали: зд. заботы □ **намёк:** аллюзия, неясное замечание

колючая проволока: *barbelé* □ **и:** также

не подозревала: ничего не знала □ **перенаселённые:** с большим населением □ **несовместимые:** не имеющие ничего общего □ **Дунай:** река, впадающая в Чёрное море

неведенье: незнание

горечь: горькое чувство □ **пусть:** допустим, положим

драгоценный: красивый, высокоценный (см. цена)

вытаскивал: выносил □ **тайник:** секретное место

впиваясь: пристально смотря

карболка: *phénol*

привокзальная: т.е. перед вокзалом □ **оглушительный: громкий** □

гомон: шум □ **запружено:** полно, заполнено

пёстрая: разноцветная □ **громоздились:** стояли в куче

Батуми: город на Черноморском побережье □ **отлегло:** легче стало на душе □ **пробился:** с трудом прошёл

та: т.е. служащая □ **задёрганная:** измученная

оглушённая: ничего не слыша от шума

сразу нескольким: в то же время разным людям

ожесточение: раздражение, недовольство

сумасшедший: см. с ума сойти (зд. проклятый)

го нету, все вышли час назад, и уже давно никого нету...

На привокзальной площади, похожей на воскресный базар, на груде чемоданов и тюков сидела сгорбленная старуха и беспомощно озиралась по сторонам. Я направился к ней. Что-то знакомое показалось мне в чертах ее лица. Я медленно переставлял одеревеневшие ноги. Она заметила меня, подозрительно оглядела и маленькую ручку опусти-
10 ла на ближайший тюк.

Я отправился пешком к дому в надежде догнать маму по пути. Но так и дошел до самых дверей своего дома, а ее не встретил. В комнате было пусто и тихо. За стеной кашлянул Меладзе. Надо было снова бежать по дороге к вокзалу, и я вышел и на ближайшем углу увидел маму!.. Она медленно подходила к дому. В руке у нее был фанерный сундучок. Все та же, высокая и стройная, какой помнилась, в сером ситцевом платьице, помятом и нелепом.
20 Сильная, загорелая, молодая. Помню, как я был счастлив, видя ее такой, а не сгорбленной и старой.

Были ранние сумерки. Она обнимала меня, терлась щекой о мою щеку. Сундучок стоял на тротуаре. Прохожие не обращали на нас внимания: в Тбилиси, где все целуются при встречах по многу раз на дню, ничего необычного не было в наших объятиях.

— Вот ты какой! — приговаривала она. — Вот ты какой, мой мальчик, мой маленький, — и это было,
30 как раньше, как когда-то...

Мы медленно направились к дому. Я обнял ее плечи, и мне захотелось спросить, ну как спрашивают

привокзальный: около вокзала

груда: куча, большое количество □ **тюк:** пакет

беспомощно: не зная, что делать □ **озиралась:** бросала взгляды во все стороны □ **направился:** подошёл

одеревеневшие: ставшие как дерево

подозрительно: с подозрением, недоверчиво

догнать: зд. найти

кашлянул: см. кашлять (один-два раза)

фанерный: см. фанера: *contre plaqué* □ **сундучок:** т.е. маленький чемодан

ситцевое: из ситца (ситец: *indienne*) □ **нелепое:** зд. странное

сумерки: перед заходом солнца □ **тёрлась:** см. тереться, зд. прижиматься

на дню: в день □ **объятия:** см. обняться

приговаривала: говорила (и в то же время обнимала)

у только что приехавшего: «Ну как ты? Как там жилось?..» — но спохватился и промолчал.

Мы вошли в дом. В комнату. Я усадил ее на старенький диван. За стеной кашлянул Меладзе. Я усадил ее и заглянул ей в глаза. Эти большие, карие, миндалевидные глаза были теперь совсем рядом. Я заглянул в них... Готовясь к встрече, я думал, что будет много слез и горьких причитаний, и я приготовил такую фразу, чтобы утешить ее: «Ма-
10 мочка, ты же видишь — я здоров, все у меня хорошо, и ты здоровая и такая же красивая, и все теперь будет хорошо, ты вернулась, и мы снова вместе...» Я повторял про себя эти слова многократно, готовясь к первым объятиям, к первым слезам, к тому, что бывает после десятилетней разлуки... И вот я заглянул в ее глаза. Они были сухими и отрешенными, она смотрела на меня, но меня не видела, лицо застыло, окаменело, губы слегка приоткрылись, сильные загорелые руки безвольно лежали на коле-
20 нях. Она ничего не говорила, лишь изредка поддакивала моей утешительной болтовне, пустым разглагольствованиям о чем угодно, лишь бы не о том, что было написано на ее лице... «Уж лучше бы она рыдала», — подумал я. Она закурила дешевую папиросу. Провела ладонью по моей голове...

— Сейчас мы поедим, — сказал я бодро. — Ты хочешь есть?

— Что? — спросила она.

— Есть хочешь? Ты ведь с дороги.

30 — Я? — не поняла она.

— Ты, — засмеялся я, — конечно, ты...

— Да, — сказала она покорно, — а ты? — и, ка-

спохватился: вспомнил о чём-нибудь
усадил: помог ей сесть

заглянул: посмотрел (чтобы узнать)
миндалевидные: в виде миндаля (миндаль: *amande*)

причитания: плач
утешить: успокоить

многократно: много раз

отрешённые: выражали безразличие

застыло: стало холодным, неподвижным □ **окаменело:** стало
как камень
изредка: время от времени □ **поддакивала:** выражала
согласие (да) □ **болтовня:** пустой разговор
разглагольствование: пустословие □ **лишь бы не:** зд. за
исключением того, что
рыдать: громко плакать
ладонь: внутренняя сторона кисти руки

дорога: зд. путешествие

покорно: послушно

жется, даже улыбнулась, но продолжала сидеть все
так же — руки на коленях...

Я выскочил в кухню, зажег керосинку, замесил
остатки кукурузной муки. Нарезал небольшой кусо-
чек имеретинского сыра, чудом сохранившийся среди моих ничтожных запасов. Я разложил все это
на столе перед мамой, чтобы она порадовалась,
встрепенулась: вот какой у нее сын, и какой у него
дом, и как у него все получается, и что мы сильнее
10 обстоятельств, мы их вот так пересиливаем мужест-
вом и любовью. Я метался перед ней, но она остава-
лась безучастна и только курила одну папиросу за
другой... Затем закипел чайник, и я пристроил его
на столе. Я впервые управлялся так ловко, так быстро, так аккуратно с посудой, с керосинкой, с нехит-
рой снедью: пусть она видит, что со мной не пропа-
дешь. Жизнь продолжается, продолжается... Конечно, после всего, что она перенесла, вдали от дома,
от меня... сразу ведь ничего не восстановить, но по-
20 степенно, терпеливо...

Когда я снимал с огня лепешки, скрипнула дверь,
и Меладзе засопел у меня за спиной. Он протягивал
мне миску с лобио.

— Что вы, — сказал я, — у нас все есть...

— Дэржи, кацо, — сказал он угрюмо, — я знаю...

Я взял у него миску, но он не уходил.

— Пойдемте, — сказал я, — я познакомлю вас с
моей мамой, — и распахнул дверь.

Мама все так же сидела, положив руки на коле-
30 ни. Я думал — при виде гостя она встанет и улыбнется, как это принято: очень приятно, очень
приятно... и назовет себя, но она молча протяну-

выскочил: выбежал □ **замесил:** приготовил (смешивая)
кукурузной: из маиса
имеретинский сыр: сорт грузинского сыра
ничтожный: совсем маленький □ **запас:** *réserve*

встрепенулась: оживилась

пересиливаем: одолеваем, т.е. мы сильнее
метался: ходил волнуясь
безучастна: т.е. не проявляла интереса
пристроил: поставил
управлялся: справлялся, выполнял
посуда: тарелки, стаканы и т.д. □ **нехитрая:** простая
снедь: еда

ничего не восстановить: невозможно, чтобы всё стало опять
нормальным □ **постепенно:** мало по малу

засопеть: см. сопеть = тяжело дышать
миска: широкая чашка □ **лобио:** грузинское блюдо (с фа-
солью)
дэржи: держи □ **угрюмо:** мрачно

пойдёмте: т.е. мы с вами

при виде: когда увидит

ла загорелую ладонь и снова опустила ее на колено.

— Присаживайтесь, — сказал я и подставил ему стул.

Он уселся напротив. Он тоже положил руки на свои колени. Сумерки густели. На фоне окна они казались неподвижными статуями, застыв в одинаковых позах, и профили их показались мне сходными.

О чем они говорили и говорили ли, пока я выбегал в кухню, — не знаю. Из комнаты не доносилось ни

10 звука. Когда я вернулся, я заметил, что руки мамы уже не покоились на коленях и вся она подалась немного вперед, словно прислушивалась.

— Батык? — произнес в тишине Меладзе.

Мама посмотрела на меня, потом сказала:

— Жарык... — и смущенно улыбнулась.

Пока я носился из кухни в комнату и обратно, они продолжали обмениваться короткими непонятными словами, при этом почти шепотом, одними губами. Меладзе цокал языком и качал головой. Я вспомнил,

20 что Жарык — это станция, возле которой находилась мама, откуда иногда долетали до меня ее письма, из которых я узнавал, что она здорова, бодра и все у нее замечательно, только ты учись, учись хорошенько, я тебя очень прошу, сыночек... и туда я отправлял известия о себе самом, о том, что я здоров и бодр, и все у меня хорошо, и я работаю над статьей о Пушкине, меня все хвалят, ты за меня не беспокойся, и уверен, что все в конце концов образуется и мы встретимся...

30   И вот мы встретились, и сейчас она спросит о статье и о других безответственных баснях...

присаживайтесь: садитесь (на короткое время)

уселся: сел (удобно)
густели: становились всё гуще (густой)
застыв: без малейшего движения
сходные: похожие друг на друга

не доносилось ни звука: т.е. ничего не было слышно

покоились: зд. лежали □ **подалась вперёд:** т.е. согнулась
словно: как будто □ **прислушивалась:** слушала внимательно

смущённо: см. смутить: встревожить, взволновать
носился: шёл
обмениваться словами: зд. разговаривать
шёпотом: совсем тихо (≠ громко)

бодра: полна сил, энергии
ты учись: т.е. надо, чтобы ты учился
отправлял: отсылал, посылал

статья: газеты, журналы публикуют статьи
хвалят: выражают одобрение, согласие
образуется: устроится, пойдёт хорошо

безответственные басни: пустые вещи

Меладзе отказался от чая и исчез. Мама впервые
посмотрела на меня осознанно.

— Он что, — спросил я шепотом, — он тоже там
был?

— Кто? — спросила она.

— Ну кто, кто... Меладзе...

— Меладзе? — удивилась она и посмотрела в окно.
— Кто такой Меладзе?

— Ну как кто? — не сдержался я. — Мама, ты меня
10 слышишь? Меладзе... мой сосед, с которым я тебя
сейчас познакомил... Он тоже был... там?

— Тише, тише, — поморщилась она. — Не надо об
этом, сыночек...

О Меладзе, сопящий и топчущийся в одиночестве,
ты тоже ведь когда-то был строен, как кизиловая
ветвь, и твое юношеское лицо с горячими губами и
жгучими усиками озарялось миллионом желаний.
Губы поблекли, усы поникли, вдохновенные щечки
опали. Я смеялся над тобой и исподтишка показывал
20 тебя свои друзьям: вот мол, дети, если не будете есть
манную кашу, будете похожи на этого дядю... И мы,
пока еще пухлогубые и остроглазые, диву давались и
закатывались, видя, как ты неуклюже топчешься, как
настороженно высовываешься из дверей... Чего ты
боялся, Меладзе?

Мы пили чай. Я хотел спросить, как ей там жилось,
но испугался. И стал торопливо врать о своем житье.
Она как будто слушала, кивала, изображала на лице
интерес, и улыбалась, и медленно жевала. Провела
30 ладонью по горячему чайнику, посмотрела на вы-
пачканную ладонь...

— Да ничего, — принялся утешать ее, — я вы-

исчез: т.е. вышел из комнаты

осознанно: т.е. осознав (поняв) в чём дело

не сдержался я: сказал я с нетерпением

поморщилась: сделала гримасу от недовольства

сыночек: сын (ласкательно)

сопящий: тяжело дышащий □ **топчущийся:** зд. ничего не делающий □ **строен:** красиво сложён □ **кизиловая ветвь:** ветка кизила (кизил: *cornouiller*)

жгучие = чёрные □ **озарялось:** освещалось

поблекли: потеряли краску и свежесть □ **поникли:** опустились □ **щёчки** = щёки □ **исподтишка:** скрытно

мол: говорил я

манная: т.е. из пшеницы

пухлогубые: с полными губами □ **диву давались:** удивлялись

закатывались: смеялись □ **неуклюже:** неловко □ **топчешься:** переступаешь с ноги на ногу □ **высовываешься:** показываешься □ **настороженно:** в ожидании чего-нибудь

врать: говорить неправду □ **житьё:** жизнь

кивала: покачивала головой □ **изображала:** выражала

выпачканная: грязная (от чайника)

мою чайник, это чепуха. На керосинке, знаешь, всегда коптится.

— Бедный мой сыночек, — сказала в пространство и вдруг заплакала. Я ее успокаивал, утешал: подумаешь, чайник. Она отерла слезы, отодвинула пустую чашку, смущенно улыбнулась.

— Все, все, — сказала, — не обращай внимания, — и закурила.

Каково-то ей там было, подумал я, там, среди со-
10 лончаков, в разлуке?..

Меладзе кашлянул за стеной.

Ничего, подумал я, все наладится. Допьем чай, и я поведу ее в кино. Она еще не знает, что предстоит ей увидеть. Вдруг после всего, что было, голубые волны, музыка, радость, солнце, и Марика Рёкк, подумал я, зажмурившись, и это после всего, что было... Вот возьми самое яркое, самое восхитительное. Самое драгоценное из того, что у меня есть, я дарю тебе это, подумал я, задыхаясь под тяжестью
20 собственной щедрости...

И тут я сказал ей:

— А знаешь, у меня есть для тебя сюрприз, но для этого мы должны выйти из дому и немного пройтись...

— Выйти из дому? — и она поморщилась.

— Не бойся, — засмеялся я. — Теперь ничего не бойся. Ты увидишь чудо, честное слово! Это такое чудо, которое можно прописывать вместо лекарства... Ты меня слышишь? Пойдем, пойдем, пожа-
30 луйста...

Она покорно поднялась.

Мы шли по вечернему Тбилиси. Мне снова захо-

чепуха: глупость
коптится: покрывается копотью (копоть: *suie*)
в пространство: т.е. не обращаясь прямо к сыну

отёрла: обтёрла, т.е. вытерла □ **отодвинула:** т.е. поставила в сторону

каково-то: как □ **солончаки:** *salines*

наладится: устроится, пройдёт
предстоит увидеть: т.е. сейчас увидит

зажмурившись: прикрыв глаза
восхитительное: замечательное
драгоценное: дорогое, любимое
задыхаясь: волнуясь, дыша с трудом от волнения
тяжесть: зд. вес □ **щедрость:** см. щедрый: который охотно тратит на других, даёт

пройтись: т.е. погулять

чудо: нечто небывалое □ **прописывать:** зд. предлагать

покорно: послушно

телось спросить у нее, как она там жила, но не спросил: так все хорошо складывалось, такой был мягкий, медовый вечер, и я был счастлив идти рядом с
ней и поддерживать ее под локоть. Она была стройна и красива, моя мама, даже в этом сером помятом ситцевом, таком не тбилисском платье, даже в
стоптанных сандалиях неизвестной формы. Прямо
оттуда, подумал я, и — сюда, в это ласковое тепло,
свет сквозь листву платанов, в шум благополучной
10 толпы... И еще я подумал, что конечно, нужно было заставить ее переодеться, как-то ее прихорошить,
потому что, ну что она так, в том же, в чем была
т а м ... Пора позабывать.

Я вел ее по проспекту Руставели, и она покорно
шла рядом, ни о чем не спрашивая. Пока я покупал
билеты, она неподвижно стояла у стены, глядя в
пол. Я кивнул ей от кассы — она, кажется, улыбнулась.

Мы сидели в душном зале, и я сказал ей:
20 — Сейчас ты увидишь чудо, это так красиво, что
нельзя передать словами... Послушай, а там вам
что-нибудь показывали?

— Что? — спросила она.

— Ну, какие-нибудь фильмы... — и понял, что говорю глупость, — хотя бы изредка...

— Нам? — спросила она и засмеялась тихонечко.

— Мама, — зашептал я с раздражением, — ну что
с тобой? Ну, я спросил... Там, там, где ты была...

— Ну, конечно, — проговорила она отрешенно.

30 — Хорошо, что мы снова вместе, — сказал я,
словно опытный миротворец, предвкушая наслаждение.

складывалось: шло
медовый: сладкий, приятный как мёд (*miel*)
под локоть: под руку □ **стройна:** хорошо сложена, тонка

стоптанные: т.е. старые

листва: листья □ **благополучной:** счастливой

как-то: так или иначе □ **прихорошить:** придать более хороший вид

проспект Руставели: главная улица в Тбилиси

неподвижно: не сдвигаясь с места
кивнул: сделал знак головой

душный зал: в котором очень жарко (духота)

хотя бы изредка: даже если не очень часто
тихонечко: тихо
раздражение: зд. недовольство

отрешённо: безразлично

миротворец: тот, кто приносит мир □ **предвкушая:** заранее испытывая

— Да, да, — шепнула она о чем-то своем.

...Я смотрел то на экран, то на маму, я делился с мамой своим богатством, я дарил ей самое лучшее, что у меня было, зал заходился в восторге и хохоте, он стонал, рукоплескал, подмурлыкивал песенки... Мама моя сидела, опустив голову. Руки ее лежали на коленях.

— Правда, здорово! — шепнул я. — Ты смотри, смотри, сейчас будет самое интересное... Смотри же, мама!..

Впрочем, в который уже раз закопошилась в моем скользящем и шатком сознании неправдоподобная мысль, что невозможно совместить т е обстоятельства с этим ослепительным австрийским карнавалом на берегах прекрасного голубого Дуная, закопошилась и тут же погасла...

Мама услышала мое восклицание, подняла голову, ничего не увидела и поникла вновь. Прекрасная обнаженная Марика сидела в бочке, наполненной мыльной пеной. Она мылась как ни в чем не бывало. Зал благоговел и гудел от восторга. Я хохотал и с надеждой заглядывал в глаза маме. Она даже попыталась вежливо улыбнуться мне в ответ, но у нее ничего не получилось.

— Давай уйдем отсюда, — внезапно шепнула она.

— Сейчас же самое интересное, — сказал я с досадой.

— Пожалуйста, давай уйдем...

Мы медленно двигались к дому. Молчали. Она ни о чем не расспрашивала, даже об университете, как следовало бы матери э т о г о мира.

делился богатством: т.е. дарил, что больше любил

заходился: замирал, смотрел фильм с увлечением
стонал: зд. шумел ☐ **рукоплескал:** аплодировал ☐ **подмурлы-кивал:** напевал, слегка мурлыча (как кошка)

здорово: хорошо

закопошилась: появилась, волнуя
скользящее: зд. непрочное ☐ **шаткое:** зд. полное сомнений
неправдоподобная: невероятная ☐ **совместить:** соединить
ослепительный: поразительный

погасла: исчезла
восклицание: см. восклицать: громко выражать чувства
поникла: опустила (голову)
обнажённая: т.е. без одежды ☐ **бочка:** в ней обычно хранят вино ☐ **пена:** *mousse* ☐ **как ни в чём не бывало:** натурально
благоговел: т.е. был на верху счастья ☐ **гудел:** кричал
попыталась: постаралась
вежливо: любезно
не получилось: т.е. осталось без результата
внезапно: вдруг

досада: чувство неудовольствия и обиды

этого мира: т.е. который интересуется жизнью сына

После пышных и ярких нарядов несравненной Марики мамино платье казалось еще серей и оскорбительней.

— Ты такая загорелая, — сказал я, — такая красивая. Я думал увидеть старушку, а ты такая красивая...

— Вот как, — сказала она без интереса и погладила меня по руке.

В комнате она устроилась на прежнем стуле, сидела, уставившись перед собой, положив ладони на колени, пока я лихорадочно устраивал ночлег. Себе — на топчане, ей — на единственной кровати. Она попыталась сопротивляться, она хотела, чтобы я спал на кровати, потому что она любит на топчане, да, да, нет, нет, я тебя очень прошу, ты должен меня слушаться (попыталась придать своему голосу шутливые интонации), я мама... ты должен меня слушаться... я мама... — и затем, ни к кому не обращаясь, в пространство, — ма-ма... ма-ма...

Я вышел в кухню. Меладзе в нарушение своих привычек сидел на табурете. Он посмотрел на меня вопросительно.

— Повел ее в кино, — шепотом пожаловался я, — а она ушла с середины, не захотела...

— В кино? — удивился он. — Какое кино, кацо? Ей отдыхать надо...

— Она стала какая-то совсем другая, — сказал я. — Может быть, я чего-то не понимаю... Когда спрашиваю, она переспрашивает, как будто не слышит...

Он поцокал языком.

— Когда человек нэ хочит гаварить лишнее, — сказал он шепотом, — он гаварит мэдлэнно, долго,

пышные: роскошные □ **несравненная:** замечательная
мамино: т.е. мамы □ **оскорбительное:** т.е. оскорбляло, обижало (своей бедностью)
загорелая: кожа у неё темноватая от солнца

погладила: провела легко рукой

прежний: на котором раньше сидела
уставившись: смотря неподвижно
лихорадочно: нервно □ **ночлег:** место, где можно спать

сопротивляться: выражать несогласие, возражать

шутливые: весёлые

в нарушение: т.е. поступая по-другому

вопросительно: будто задает вопрос
пожаловался: ему жаль, что она не досмотрела

отдихать: т.е. отдыхать

переспрашивает: ещё раз спрашивает

нэ хочит гаварить: т.е. не хочет говорить □ **лишиее:** ненужное
мэдлэнно: т.е. медленно *(грузинское произношение, см. ниже)*

он думаэт, панимаишь? Ду-ма-эт... Ему нужна врэ-
мя... У нэго тэперь привичка...

— Она мне боится сказать лишнее? — спросил я.

Он рассердился:

— Нэ тэбэ, нэ тэбэ, генацвале... Там, — он поднял
вверх указательный палец, — там тэбя нэ било, там
другие спрашивали, зачэм, почэму, панимаэшь?

— Понимаю, — сказал я.

Я надеюсь на завтрашний день. Завтра все будет
10 по-другому. Ей нужно сбросить с себя тяжелую но-
шу минувшего... Да, мамочка? Все забудется, все забудется, все забудется... Мы снова отправимся к бе-
регам голубого Дуная, сливаясь с толпами, уже неотличимые от них, наслаждаясь красотой, моло-
достью, музыкой... да, мамочка?..

— Купи ей фрукты... — сказал Меладзе.

— Какие фрукты? — не понял я.

— Черешня купи, черешня...

...Меж тем в сером платьице своем, ничем не по-
20 крывшись, свернувшись калачиком, мама устроилась на топчане. Она смотрела на меня, когда я
вошел, и слегка улыбалась, так знакомо, просто,
по-вечернему.

— Мама, — сказал я с укоризной, — на топчане
буду спать я.

— Нет, нет, — сказала она с детским упрямством
и засмеялась...

— Ты любишь черешню? — спросил я.

— Что? — не поняла она.

30 — Черешню ты любишь? Любишь черешню?

— Я? — спросила она...

Декабрь 1985 г.

генацвале: дорогой *(грузинское обращение)*
указательный: который указывает

сбросить с себя: освободиться ☐ **ноша:** вес, бремя
минувшее: прошлое

сливаясь: соединяясь, формируя целое ☐ **толпа** = народ
неотличимые: так, что отличить нас от них нельзя
наслаждаться: см. наслаждение = высшее удовольствие

черешня: ягода сходная с вишней
меж тем = между тем: в то же время
свернувшись калачиком: *pelotonnée*

по-вечернему: т.е. как обычно делается вечером
с укоризной: с упрёком, с неудовольствием

с упрямством: не желая уступить, согласиться

Thème

(Le premier chiffre renvoie à la page, le suivant aux lignes.)

J'avais quitté un garçon de quinze ans et j'ai devant moi un jeune homme de vingt-trois ans. (10-3/4)

Je ne me souviens pas exactement de ce qu'il était en train de faire lorsque nous sommes entrés dans la pièce. (12-24/25)

Leur vie n'a pas été facile durant la guerre. (12-29)

Souvent j'avais tenté d'imaginer ce que serait notre rencontre. (16-14)

Je me suis hâté de sortir espérant le rattraper en chemin. (24-11)

Tout s'arrangera avec le temps. (34-12)

Elle était assise légèrement penchée en avant, les mains posées sur les genoux. (30-11/12) (40-10)

La nature l'a doté d'une santé de fer. (20-26)

Tout le monde court voir ce film. Je ne comprends absolument pas pourquoi il a tant de succès. (20-4)

Elle demeurait indifférente, se contentant de fumer cigarette sur cigarette. (28-12)

Иван Бунин
Кавказ

Современник А.Чехова, И.Бунин (1870-1953 гг.) считается классиком русской литературы XX-го века. Он первый из русских писателей получил Нобелевскую премию (1933). И.Бунин довел до совершенства традиции русской прозы. Его описания природы, его тончайший анализ движения души, его богатейший язык служили образцом для многих писателей современности.

Во время революции он эмигрировал во Францию и умер в Париже, но почти все его произведения, в том числе и последний сборник рассказов **Темные аллеи** (1946) обращены к дореволюционной России, которую писатель знал как никто.

Как и большинство рассказов, включенных в этот сборник, **Кавказ** посвящен радостям и горестям любовной страсти. Красота Кавказа, где скрываются любовники, переплетается с чувствами двух героев и контрастирует с неожиданным и трагичным концом.

Приехав в Москву, я воровски остановился в незаметных номерах в переулке возле Арбата и жил томительно, затворником — от свидания до свидания с нею. Была она у меня за эти дни всего три раза и каждый раз входила поспешно со словами:

— Я только на одну минуту...

Она была бледна прекрасной бледностью любящей взволнованной женщины, голос у нее срывался, и то, как она, бросив куда попало зонтик, спешила
10 поднять вуальку и обнять меня, потрясало меня жалостью и восторгом.

— Мне кажется, — говорила она, — что он что-то подозревает, что он даже знает что-то, — может быть, прочитал какое-нибудь ваше письмо, подобрал ключ к моему столу... Я думаю, что он на все способен при его жестоком, самолюбивом характере. Раз он мне прямо сказал: «Я ни перед чем не остановлюсь, защищая свою честь, честь мужа и офицера!» Теперь он почему-то следит буквально за
20 каждым моим шагом, и, чтобы наш план удался, я должна быть страшно осторожна. Он уже согласен отпустить меня, так внушила я ему, что умру, если не увижу юга, моря, но, ради бога, будьте терпеливы!

План наш был дерзок: уехать в одном и том же поезде на кавказское побережье и прожить там в каком-нибудь совсем диком месте три-четыре недели. Я знал это побережье, жил когда-то некоторое время возле Сочи, — молодой, одинокий, — на всю
30 жизнь запомнил те осенние вечера среди черных кипарисов, у холодных серых волн... И она бледнела, когда я говорил: «А теперь я там буду с тобой, в

воровски: как вор
в номерах: т.е. в скромной гостинице ☐ **томительно:** т.е. мучился ☐ **затворником:** т.е. не выходил

поспешно: быстро, торопливо

срывался голос: т.е. не могла говорить дальше
куда попало: безразлично куда
вуалька: короткая вуаль перед лицом ☐ **потрясало:** сильно волновало

подозревает: имеет подозрения, сомнения
подобрал: взял подходящий

на всё способен: т.е. может всё делать ☐ **при:** т.е. с
ни перед чем не остановлюсь: готов на всё

буквально: в самом деле

согласен отпустить: т.е. не против моего отъезда
внушила: заставила его понять

дерзок: смел
побережье: берег моря
в диком месте: т.е. далеко от всего
когда-то: в прошлом

кипарис: *cyprès*

горных джунглях, у тропического моря...» В осуществление нашего плана мы не верили до последней минуты — слишком великим счастьем казалось нам это.

В Москве шли холодные дожди, похоже было на то, что лето уже прошло и не вернется, было грязно, сумрачно, улицы мокро и черно блестели раскрытыми зонтами прохожих и поднятыми, дрожащими
10 на бегу верхами извозчичьих пролеток. И был темный, отвратительный вечер, когда я ехал на вокзал, все внутри у меня замирало от тревоги и холода. По вокзалу и по платформе я пробежал бегом, надвинув на глаза шляпу и уткнув лицо в воротник пальто.

В маленьком купе первого класса, которое я заказал заранее, шумно лил дождь по крыше. Я немедля опустил оконную занавеску и, как только носильщик, обтирая мокрую руку о свой белый фартук,
20 взял на чай и вышел, на замок запер дверь. Потом чуть приоткрыл занавеску и замер, не сводя глаз с разнообразной толпы, взад и вперед сновавшей с вещами вдоль вагона в темном свете вокзальных фонарей. Мы условились, что я приеду на вокзал как можно раньше, а она как можно позже, чтобы мне как-нибудь не столкнуться с ней и с ним на платформе. Теперь им уже пора было быть. Я смотрел все напряженнее — их все не было. Ударил второй звонок — я похолодел от страха: опоздала или он
30 в последнюю минуту вдруг не пустил ее! Но тотчас вслед за тем был поражен его высокой фигурой, офицерским картузом, узкой шинелью и рукой в

джунгли: т.е. густые леса ☐ **в осуществление:** в реализацию

сумрачно: темновато ☐ **мокро:** сыро (от дождя)
зонт = зонтик (для защиты от дождя)
верх: т.е. крыша ☐ **извозчичья пролётка** = лёгкий наёмный экипаж ☐ **отвратительный:** ужасный
замирало: останавливалось (сердце почти не билось)

уткнув: погрузив (так, что не видно)

немедля: немедленно
носильщик: тот, кто носит багаж
фартук: передник (для защиты от грязи)
на чай: т.е. деньги за услуги ☐ **на замок запер:** т.е. закрыл на ключ ☐ **чуть:** слегка, немножко ☐ **не сводя глаз:** смотря на
сновавшая: быстро двигавшаяся
фонарь: то, что освещает улицы и зд. вокзал
условились: договорились

как-нибудь: так или иначе ☐ **столкнуться:** т.е. встретиться лицом к лицу
напряжение: с растущим вниманием
похолодел: т.е. пришел в ужас

вслед за тем: после этого
картуз: головной убор ☐ **шинель:** форменное пальто

замшевой перчатке, которой он, широко шагая, держал ее под руку. Я отшатнулся от окна, упал в угол
дивана. Рядом был вагон второго класса — я мыс-
ленно видел, как он хозяйственно вошел в него вместе с нею, оглянулся, — хорошо ли устроил ее носильщик, — и снял перчатку, снял картуз, целуясь
с ней, крестя ее... Третий звонок оглушил меня, тро-
нувшийся поезд поверг в оцепенение... Поезд расходился, мотаясь, качаясь, потом стал нести ровно,
10 на всех парах... Кондуктору, который проводил ее
ко мне и перенес ее вещи, я ледяной рукой сунул де-
сятирублевую бумажку...

————

Войдя, она даже не поцеловала меня, только жалостно улыбнулась, садясь на диван и снимая, отцепляя от волос, шляпку.

— Я совсем не могла обедать, — сказала она. —
Я думала, что не выдержу эту страшную роль до
20 конца. И ужасно хочу пить. Дай мне нарзану, —
сказала она, в первый раз говоря мне «ты». — Я
убеждена, что он поедет вслед за мною. Я дала ему
два адреса, Геленджик и Гагры. Ну вот, он и будет
дня через три-четыре в Геленджике... Но бог с ним,
лучше смерть, чем эти муки...

————

Утром, когда я вышел в коридор, в нем было сол-
нечно, душно, из уборных пахло мылом, одеколо-
30 ном и всем, чем пахнет людный вагон утром. За мут-
ными от пыли и нагретыми окнами шла ровная
выжженная степь, видны были пыльные широкие

замшевая: *en peau de chamois*
отшатнулся: отошёл

хозяйственно: как хозяин
оглянулся: посмотрел вокруг

крестя: делая знак креста □ **оглушил:** лишил слуха □ **тронув-
шийся:** отправившийся □ **поверг в оцепенение:** т.е. я остался
неподвижным □ **расходился:** шёл всё быстрее □ **мотаясь:**
двигаясь из стороны в сторону □ **на всех парах:** очень быстро
ледяная: холодная как лёд □ **сунул:** дал
десятирублёвая бумажка = десять рублей

жалостно: будто жаловалась
отцепляя: т.е. снимая (прикрепленную булавкой)

выдержу: перенесу
Нарзан: минеральная вода

вслед за мною: т.е. не даст покоя
Геленджик, Гагры: курорты на Черноморском побережье

муки: страдания

душно: очень жарко □ **уборная:** туалет
мутный: нечистый

выжженная: сухая (солнце её выжгло)

дороги, арбы, влекомые волами, мелькали желез-
нодорожные будки с канареечными кругами подсол-
нечников и алыми мальвами в палисадниках... Дальше пошел безграничный простор нагих равнин с кур-
ганами и могильниками, нестерпимое сухое солнце,
небо, подобное пыльной туче, потом призраки пер-
вых гор на горизонте...

———————

10   Из Геленджика и Гагр она послала ему по открытке, написала, что еще не знает, где останется.
     Потом мы спустились вдоль берега к югу.

———————

     Мы нашли место первобытное, заросшее чинаро-
выми лесами, цветущими кустарниками, красным
деревом, магнолиями, гранатами, среди которых
поднимались веерные пальмы, чернели кипарисы...
     Я просыпался рано и, пока она спала, до чая, ко-
20 торый мы пили часов в семь, шел по холмам в лес-
ные чащи. Горячее солнце было уже сильно, чисто
и радостно. В лесах лазурно светился, расходился и
таял душистый туман, за дальними лесистыми вер-
шинами сияла предвечная белизна снежных гор...
Назад я проходил по знойному и пахнущему из труб
горящим кизяком базару нашей деревни: там кипела
торговля, было тесно от народа, от верховых лошадей и осликов, — по утрам съезжалось туда на
базар множество разноплеменных горцев, — плав-
30 но ходили черкешенки в черных длинных до земли
одеждах, в красных чувяках, с закутанными во
что-то черное головами, с быстрыми птичьими

арбы: телеги □ **влекомые:** которые влекут (тянут) □ **вол:** *boeuf* □ **канареечные:** жёлтые □ **подсолнечник:** *tournesol* **алый:** ярко красный □ **мальва:** *mauve* □ **палисадник:** садик перед домом □ **безграничный:** огромный □ **курган:** холм **могильник:** кладбище □ **нестерпимое** = невыносимое **призрак:** видение

по открытке: т.е. одну открытку из каждого курорта

вдоль берега = по берегу

первобытное: дикое □ **заросшее:** покрытое □ **чинар:** платан **кустарник:** кусты □ **красное дерево:** *acajou* **гранат:** *grenadier* **веерный:** как веер (*éventail*)

чаща: кустарник, заросли **лазурно:** светло-синее □ **расходился:** исчезал **душистый:** с приятным запахом □ **лесистый:** с лесами **предвечная:** не совсем вечная □ **белизна:** белый цвет **знойный:** жаркий (зной = сильная жара) **кизяк:** навоз, употребляемый как топливо на юге России **верховые лошади:** на которых ездят верхом **ослик:** маленький осёл **разноплеменные:** см. племя (*tribu*) □ **горец:** житель гор **плавно:** мягко □ **черкешенка:** черкесская женщина (черкесы - кавказский народ) □ **чувяк:** мягкая обувь □ **закутанный:** тепло одетый в □ **птичий:** как птицы

взглядами, мелькавшими порой из этой траурной закутанности.

Потом мы уходили на берег, всегда совсем пустой, купались и лежали на солнце до самого завтрака. После завтрака — все жаренная на шкаре рыба, белое вино, орехи и фрукты — в знойном сумраке нашей хижины под черепичной крышей тянулись через сквозные ставни горячие, веселые полосы света.

10   Когда жар спадал и мы открывали окно, часть моря, видная из него между кипарисов, стоявших на скате под нами, имела цвет фиалки и лежала так ровно, мирно, что, казалось, никогда не будет конца этому покою, этой красоте.

На закате часто громоздились за морем удивительные облака; они пылали так великолепно, что она порой ложилась на тахту, закрывала лицо газовым шарфом и плакала: еще две, три недели — и опять Москва!

20   Ночи были теплы и непроглядны, в черной тьме плыли, мерцали, светили топазовым светом огненные мухи, стеклянными колокольчиками звенели древесные лягушки. Когда глаз привыкал к темноте, выступали вверху звезды и гребни гор, над деревней вырисовывались деревья, которых мы не замечали днем. И всю ночь слышался оттуда, из духана, глухой стук в барабан и горловой, заунывный, безнадежно-счастливый вопль как будто все одной и той же бесконечной песни.

30   Недалеко от нас, в прибрежном овраге, спускавшемся из лесу к морю, быстро прыгала по каменистому ложу мелкая, прозрачная речка. Как чудесно

траурный: см. траур *(deuil)* □ **закутанность:** см. закутать, покрыть со всех сторон

всё: всегда □ **на шкаре:** *sur le gril*
сумрак: неполная темнота
хижина: домик □ **черепичная:** из черепиц *(tuiles)*
сквозные: через которые проходит свет □ **ставни:** *volets*

скат: спуск □ **цвет фиалки:** т.е. фиолетовый

громоздились: см. громоздкий: занимающий много места
пылали: краснели
порой: иногда □ **тахта:** диван □ **газовый:** из газа (шёлковая ткань)

непроглядны: темны □ **тьма:** темнота
мерцали: слабо светились □ **огненный:** из огня
муха: *moucheron* □ **стеклянный:** из стекла
древесные лягушки: *rainettes*
гребни гор: верхушки
вырисовывались: т.е. появлялись
духан: трактир, ресторан на Кавказе
горловой: из горла □ **заунывный:** тоскливый, унылый
безнадежно: т.е. без надежды □ **вопль:** зд. плач, протяжный крик
прибрежный: расположенный около берега □ **овраг:** зд. маленькая долина
ложе: русло, место, по которому течёт речка

дробился, кипел ее блеск в тот таинственный час,
когда из-за гор и лесов, точно какое-то дивное существо, пристально смотрела поздняя луна!

Иногда по ночам надвигались с гор страшные ту-
чи, шла злобная буря, в шумной гробовой черноте
лесов то и дело разверзались волшебные зеленые
бездны и раскатывались в небесных высотах допо-
топные удары грома. Тогда в лесах просыпались и
мяукали орлята, ревел барс, тявкали чекалки... Раз
10 к нашему освещенному окну сбежалась целая стая
их, — они всегда сбегаются в такие ночи к жилью,
— мы открыли окно и смотрели на них сверху, а
они стояли под блестящим ливнем и тявкали, про-
сились к нам... Она радостно плакала, глядя на
них.

———————

Он искал ее в Геленджике, в Гаграх, в Сочи. На
другой день по приезде в Сочи он купался утром в
20 море, потом брился, надел чистое белье, белоснежный китель, позавтракал в своей гостинице на терра-
се ресторана, выпил бутылку шампанского, пил кофе с шартрезом, не спеша выкурил сигару. Возвра-
тясь в свой номер, он лег на диван и выстрелил себе
в виски из двух револьверов.

12 ноября 1937

дробился: разбивался на части □ **таинственный:** загадочный
дивное: прекрасное
пристально: т.е. неподвижно
надвигались: приближались
злобная: грозная □ **гробовая чернота:** чёрное как в гробу
то и дело: или □ **разверзались:** раскрывались □ **волшебный:**
магический □ **раскатывались:** слышался гул
допотопный: *antédiluvien* (см. потоп: *déluge*)
орлята (орлёнок): детёныши орла □ **барс:** вид пантеры □
тявкали: лаяли □ **чекалки:** шакалы □ **стая:** группа
к жилью: к домам

ливень: сильный дождь

по приезде: приехав

белоснежный: белый как снег □ **китель:** форменная куртка

шартрез: ликёр из ароматических трав

висок: часть головы от уха до лба

Thème

(Le premier chiffre renvoie à la page, le suivant aux lignes.)

Je l'ai vu en tout et pour tout deux fois en un mois. (46-4)

Elle entrouvrit la porte et l'aperçut assis à son bureau en train de lire le journal. (48-21) (50-4)

Je suis convaincu qu'il me suivra, c'est un homme prêt à tout. (46-16, 17, 19)

Une fois dans le salon, il ôta ses gants, fit du regard le tour de la pièce et s'installa sur le divan sans la quitter des yeux. (50-5, 13, 14)

Il acheva sa cigarette sans se hâter. (56-23)

J'ai besoin de cinq timbres à quarante kopecks. (52-10)

Ils ont convenu que nous les retrouverions à la gare un quart d'heure avant le départ du train. (48-24)

Rien ne l'arrêtera. (46-17/18)

On avait l'impression que l'été ne reviendrait plus : tout était sombre, sale et humide. (48-6/7)

Андрей Платонов
Юшка

Хотя А.Платонов (1899-1951) и не был репрессирован, его судьба была трагична. Долгие годы он не мог печататься и, когда он умер от туберкулеза в 51-м году, большинство его сочинений не было опубликовано. Только в последние годы весь Платонов дошел до русского (советского) читателя.

Он считается совершенно справедливо одним из самых больших, а, может быть, и самым большим русским прозаиком советской эпохи. Его герои – простые люди, вошедшие в историю с революцией, которые ищут язык, чтобы выразить свои рождающиеся мысли. Таким образом, А.Платонов – один из редких писателей, которые создали новый язык, складывающийся на наших глазах.

А.Платонов – автор романа (**Чевенгур**), повестей (**Котлован**, **Впрок** ...) и рассказов. Он был также литературным критиком.

Юшка – история униженного и обиженного человека, напоминающая нам Евангелие. В этом рассказе А.Платонов еще раз возвращается к вечной проблеме добра и зла на Земле.

Давно, в старинное время, жил у нас на улице старый на вид человек. Он работал в кузнице при большой московской дороге; он работал подручным помощником у главного кузнеца, потому что он плохо видел глазами и в руках у него мало было силы. Он носил в кузницу воду, песок и уголь, раздувал мехом горн, держал клещами горячее железо на наковальне, когда главный кузнец отковывал его, вводил лошадь в станок, чтобы ковать ее, и делал всякую другую работу, которую нужно было делать. Звали его Ефимом, но все люди называли его Юшкой. Он был мал ростом и худ: на сморщенном лице его, вместо усов и бороды, росли по отдельности редкие седые волосы; глаза же у него были белые, как у слепца, и в них всегда стояла влага, как неостывающие слезы.

Юшка жил на квартире у хозяина кузницы, на кухне. Утром он шел в кузницу, а вечером шел обратно на ночлег. Хозяин кормил его за работу хлебом, щами и кашей, а чай, сахар и одежда у Юшки были свои; он их должен покупать за свое жалованье — семь рублей и шестьдесят копеек в месяц. Но Юшка чаю не пил и сахару не покупал, он пил воду, а одежду носил долгие годы одну и ту же без смены: летом он ходил в штанах и в блузе, черных и закопченных от работы, прожженных искрами насквозь, так что в нескольких местах видно было его белое тело, и босой, зимою же он надевал поверх блузы еще полушубок, доставшийся ему от умершего отца, а ноги обувал в валенки, которые он подшивал с осени, и носил всякую зиму всю жизнь одну и ту же пару.

кузница: там, где обрабатывают, куют (ковать) металл
подручный: т.е. под руководством
кузнец: тот, кто куёт металл

раздувал: разжигал, усиливал воздухом
мех: *soufflet* □ **горн**: печь □ **клещи**: *tenailles*
наковальня: *enclume* □ **отковывал**: заканчивал ковку (см. ковать) □ **станок**: место, в которое ставят животное для подковывания

мал = маленький □ **сморщенный**: в морщинах (у старых людей много морщин на лице) □ **по отдельности**: отдельно
седые: белые
слепец: слепой человек □ **влага**: т.е. были мокрые
неостывающие: которые не становятся сухими

шёл обратно: возвращался
на ночлег: чтобы провести ночь
щи: суп из капусты
свои были: платил за них своими деньгами □ **жалованье**: деньги, получаемые за работу

без смены: никогда не сменял, т.е. всегда носил одно и то же
закопчённый: покрытый копотью *(suie)*
прожжённых искрами: т.е. с дырками от огня

босой: с голыми ногами □ **поверх блузы**: т.е. на блузе
полушубок: короткая шуба □ **доставшийся**: который он получил □ **валенки**: зимняя обувь из шерсти □ **подшивал**: т.е.чинил

Когда Юшка рано утром шел по улице в кузницу, то старики и старухи подымались и говорили, что вон Юшка уж работать пошел, пора вставать, и будили молодых. А вечером, когда Юшка проходил на ночлег, то люди говорили, что пора ужинать и спать ложиться — вон и Юшка уж спать пошел.

А малые дети и даже те, которые стали подростками, они, увидя тихо бредущего старого Юшку, переставали играть на улице, бежали за Юшкой и кри-
10 чали:

— Вон Юшка идет! Вон Юшка!

Дети поднимали с земли сухие ветки, камешки, сор горстями и бросали в Юшку.

— Юшка! — кричали дети. — Ты правда Юшка?

Старик ничего не отвечал детям и не обижался на них; он шел так же тихо, как прежде, и не закрывал своего лица, в которое попадали камешки и земляной сор.

Дети удивлялись Юшке, что он живой, а сам не
20 серчает на них. И они снова окликали старика:

— Юшка, ты правда или нет?

Затем дети снова бросали в него предметы с земли, подбегали к нему, трогали его и толкали, не понимая, почему он не поругает их, не возьмет хворостину и не погонится за ними, как все большие люди делают. Дети не знали другого такого человека, и они думали — вправду ли Юшка живой? Потрогав Юшку руками или ударив его, они видели, что он твердый и живой.

30 Тогда дети опять толкали Юшку и кидали в него комья земли, — пусть он лучше злится, раз он вправду живет на свете. Но Юшка шел и молчал. Тогда

подымались: поднимались
вои: вот □ **уж:** уже
будили: заставляли проснуться

подросток: молодой человек от 12 до 16 лет
бредущий: идущий медленно
переставали играть: т.е. оставляли игру

камешки: маленькие камни
сор: мелкий мусор □ **горсть:** то, что помещается в руке

не обижался: не сердился

земляной сор: т.е. земля, грязь

не серчает: не сердится □ **окликали:** подзывали, звали

предметы: т.е. разные вещи

поругает: слегка бранит □ **хворостина:** ветка, прут
погонится: см. гнаться, преследовать

вправду: по-настоящему □ **потрогать:** немного трогать

кидали: бросали
комья (ком): горсть □ **злиться:** стать злым

сами дети начинали серчать на Юшку. Им было скучно и нехорошо играть, если Юшка всегда молчит, не пугает их и не гонится за ними. И они еще сильнее толкали старика и кричали вкруг него, чтоб он отозвался им злом и развеселил их. Тогда бы они отбежали от него и в испуге, в радости снова бы дразнили его издали и звали к себе, убегая затем прятаться в сумрак вечера, в сени домов, в заросли садов и огородов. Но Юшка не трогал их и не отве-
10 чал им.

Когда же дети вовсе останавливали Юшку или делали ему слишком больно, он говорил им:

— Чего вы, ро́дные мои, чего вы, маленькие!.. Вы, должно быть, любите меня!.. Отчего я вам всем нужен?.. Обождите, не надо меня трогать, вы мне в глаза землей попали, я не вижу.

Дети не слышали и не понимали его. Они по-прежнему толкали Юшку и смеялись над ним. Они радовались тому, что с ним можно все делать, что
20 хочешь, а он им ничего не делает.

Юшка тоже радовался. Он знал, отчего дети смеются над ним и мучают его. Он верил, что дети любят его, что он нужен им, только они не умеют любить человека и не знают, что делать для любви, и поэтому терзают его.

Дома отцы и матери упрекали детей, когда они плохо учились или не слушались родителей: «Вот ты будешь такой же, как Юшка! — Вырастешь, и будешь ходить летом босой, а зимой в худых вален-
30 ках, и все тебя будут мучить, и чаю с сахаром не будешь пить, а одну воду!»

Взрослые пожилые люди, встретив Юшку на ули-

вкруг: вокруг

отозвался: ответил ☐ **развеселил:** вызвал веселье (смех) в них, рассмешил

дразнили: раздражали, беспокоили ☐ **издали:** издалека

прятаться: скрываться, исчезать ☐ **сумрак:** полумрак ☐ **сени:** передняя ☐ **заросли:** кусты

чего: что (делаете)

обождите: подождите

в глаза землёй попали: глаза полны земли

по-прежнему: т.е. продолжали толкать

мучают: мучат, заставляют страдать

терзают: мучат

упрекали: делали упрёки, замечания

не слушались: поступали как хотели

худые: плохие

пожилые: немолодые

це, тоже иногда обижали его. У взрослых людей бывало злое горе или обида, или они были пьяными, тогда сердце их наполнялось лютой яростью. Увидев Юшку, шедшего в кузницу или ко двору на ночлег, взрослый человек говорил ему:

— Да что ты такой блажнóй, непохожий ходишь тут? Чего ты думаешь такое особенное?

Юшка останавливался, слушал и молчал в ответ.

— Слов у тебя, что ли, нету, животное такое! Ты
10 живи просто и честно, как я живу, а тайно ничего не думай! Говори, будешь так жить, как надо? Не будешь? Ага!.. Ну ладно!

И после разговора, во время которого Юшка молчал, взрослый человек убеждался, что Юшка во всем виноват, и тут же бил его. От кротости Юшки взрослый человек приходил в ожесточение и бил его больше, чем хотел сначала, и в этом зле забывал на время свое горе.

Юшка потом долго лежал в пыли на дороге. Очнув-
20 шись, он вставал сам, а иногда за ним приходила дочь хозяина кузницы, она подымала его и уводила с собой.

— Лучше бы ты умер, Юшка, — говорила хозяйская дочь. — Зачем ты живешь?

Юшка глядел на нее с удивлением. Он не понимал, зачем ему умирать, когда он родился жить.

— Это отец-мать меня родили, их воля была, — отвечал Юшка, — мне нельзя помирать, и я отцу твоему в кузне помогаю.

30 — Другой бы на твое место нашелся, помощник какой!

— Меня, Даша, народ любит!

злое горе или обида: т.е. люди были несчастными
лютая ярость: сильный гнев
шедший: который шёл

блажной: ненормальный, странный
чего: зд. что

тайно: в глубине души

убеждался: был уверен
тут же: при этом □ **кротость:** покорность, пассивность
ожесточение: ярость (см. жестокий, безжалостный)

горе: несчастье, беда
очнувшись: придя в себя

подымала: поднимала

лучше бы: было бы лучше, если бы

глядел: смотрел
зачем: с какой целью
их воля была: они так хотели
помирать: умирать
кузня: кузница
другой бы нашёлся: нашли бы другого

Даша смеялась.

— У тебя сейчас кровь на щеке, а на прошлой неделе тебе ухо разорвали, а ты говоришь — народ тебя любит!..

— Он меня без понятия любит, — говорил Юшка. — Сердце в людях бывает слепое.

— Сердце-то в них слепое, да глаза у них зрячие! — произносила Даша. — Иди скорее, что ль! Любят-то они по сердцу, да бьют тебе по расчету.

— По расчету они на меня серчают, это правда, — соглашался Юшка. — Они мне улицей ходить не велят и тело калечат.

— Эх ты, Юшка, Юшка! — вздыхала Даша. — А ты ведь, отец говорил, нестарый еще!

— Какой я старый!.. Я грудью с детства страдаю, это я от болезни на вид оплошал и старым стал...

По этой своей болезни Юшка каждое лето уходил от хозяина на месяц. Он уходил пешим в глухую дальнюю деревню, где у него жили, должно быть, родственники. Никто не знал, кем они ему приходились.

Даже сам Юшка забывал, и в одно лето он говорил, что в деревне у него живет вдовая сестра, а в другое, что там племянница. Иной раз он говорил, что идет в деревню, а в иной, что в самоё Москву. А люди думали, что в дальней деревне живет Юшкина любимая дочь, такая же незлобная и лишняя людям, как отец.

В июле или августе месяце Юшка надевал на плечи котомку с хлебом и уходил из нашего города. В пути он дышал благоуханием трав и лесов, смотрел на белые облака, рождающиеся в небе, плывущие

щека: боковая часть (сторона) лица
разорвали: т.е. ушибли, повредили (рвать в куски)

без понятия: не понимая

да: но □ **зрячие:** т.е. видят
что ль: ну
по расчёту: считают, что так нужно
серчают: сердятся
улицей ходить не велят: не хотят, чтобы я ходил по улице
калечат: мучат, бьют
вздыхала: см. вздох

оплошал на вид: т.е. веду себя не как надо

пеший: пешком □ **глухая:** тихая, скрытая

кем ему приходились: какая между ними была связь

вдовая сестра: у которой муж умер
племянница: дочь брата или сестры □ **иной раз:** иногда
самоё: саму
Юшкина: т.е. Юшки
незлобная: добрая □ **лишняя:** ненужная

котомка: сумка, носимая за плечами
в пути: пока ходил □ **благоухание:** аромат
рождающиеся: которые появлялись

и умирающие в светлой воздушной теплоте, слушал голос рек, бормочущих на каменных перекатах, и больная грудь Юшки отдыхала, он более не чувствовал своего недуга — чахотки. Уйдя далеко, где было вовсе безлюдно, Юшка не скрывал более своей любви к живым существам. Он склонялся к земле и целовал цветы, стараясь не дышать на них, чтоб они не испортились от его дыхания, он гладил кору на деревьях и подымал с тропинки бабочек и жуков,
10 которые пали замертво, и долго всматривался в их лица, чувствуя себя без них осиротевшим. Но живые птицы пели в небе, стрекозы, жуки и работящие кузнечики издавали в траве веселые звуки, и поэтому на душе у Юшки было легко, в грудь его входил сладкий воздух цветов, пахнущих влагой и солнечным светом.

По дороге Юшка отдыхал. Он садился в тень подорожного дерева и дремал в покое и тепле. Отдохнув, отдышавшись в поле, он не помнил более о бо-
20 лезни и шел весело дальше, как здоровый человек. Юшке было сорок лет от роду, но болезнь давно уже мучила его и состарила прежде времени, так что он всем казался ветхим.

И так каждый год уходил Юшка через поля, леса и реки в дальнюю деревню или в Москву, где его ожидал кто-то или никто не ждал, — об этом никому в городе не было известно.

Через месяц Юшка обыкновенно возвращался обратно в город и опять работал с утра до вечера в
30 кузнице. Он снова начинал жить по-прежнему, и опять дети и взрослые, жители улицы, потешались над Юшкой, упрекали его за безответную глупость

бормочущие: тихо шумящие ☐ **перекат:** там, где мало воды

недуг: болезнь ☐ **чахотка:** туберкулёз
безлюдно: там, где никого не было ☐ **вовсе:** совсем
живые существа: всё то, что живёт ☐ **склонялся:** нагибался, опускался
испортились: т.е. потеряли свою свежесть ☐ **гладил:** проводил рукой ☐ **кора:** то, что покрывает дерево ☐ **жук:** *scarabée*
замертво: как мёртвые
осиротевший: как сирота, один
стрекоза: *libellule*
кузнечик: *grillon*
на душе было легко: он чувствовал себя хорошо

подорожное: около дороги ☐ **дремал:** наполовину спал
отдышавшись: начав дышать легче после отдыха

состарила: сделала более старым
ветхий: очень старый

не было известно: никто не знал

по-прежнему: как раньше
потешались: смеялись
безответная: кроткая, неспособная протестовать

и терзали его.

Юшка смирно жил до лета будущего года, а среди лета надевал котомку за плечи, складывал в отдельный мешочек деньги, что заработал и накопил за год, всего рублей сто, вешал тот мешочек себе за пазуху на грудь и уходил неизвестно куда и неизвестно к кому.

Но год от году Юшка все более слабел, потому
шло и проходило время его жизни и грудная болезнь
10 мучила его тело и истощала его. В одно лето, когда Юшке уже подходил срок отправляться в свою дальнюю деревню, он никуда не пошел. Он брел, как обычно вечером, уже затемно из кузницы к хозяину на ночлег. Веселый прохожий, знавший Юшку, посмеялся над ним:

— Чего ты землю нашу топчешь, божье чучело! Хоть бы ты помер, что ли, может, веселее бы стало без тебя, а то я боюсь соскучиться...

И здесь Юшка осерчал в ответ — должно быть,
20 первый раз в жизни.

— А чего я тебе, чем я вам мешаю!.. Я жить родителями поставлен, я по закону родился, я тоже всему свету нужен, как и ты, без меня тоже, значит, нельзя!..

Прохожий, не дослушав Юшку, рассердился на него:

— Да ты что! Ты чего заговорил? Как ты смеешь меня, самого меня с собой равнять, юрод негодный!

— Я не равняю, — сказал Юшка, — а по надобно-
30 сти мы все равны...

— Ты мне не мудруй! — закричал прохожий. — Я сам помудрей тебя! Ишь, разговорился, я тебя вы-

смирно: тихо
складывал: собирал
мешочек: маленький мешок □ **что:** которые □ **накопил:** сэкономил
за пазуху: между грудью и одеждой

грудная болезнь: т.е. туберкулёз
истощала: лишала сил
подходил срок: наступало время
брёл: шёл с трудом
затемно: когда уже было темно

землю топчешь: т.е. почему живёшь? □ **божье:** см. Бог
чучело: пугало □ **хоть бы:** хорошо было бы, если □ **помер:** умер □ **а то:** иначе
осерчал: рассердился

чего я тебе: что я тебе делал
поставлен: т.е. мне родители дали жизнь

смеешь: имеешь смелость
равнять: делать равным □ **юрод:** безумец □ **негодный:** недостойный □ **по надобности:** по необходимости

не мудруй: не обманывай □ **помудрей:** умнее □ **ишь:** вон, посмотри □ **разговорился:** т.е. слишком много говорил

учу уму!

Замахнувшись, прохожий с силой злобы толкнул Юшку в грудь, и тот упал навзничь.

— Отдохни, — сказал прохожий и ушел домой пить чай.

Полежав, Юшка повернулся вниз лицом и более не пошевелился и не поднялся.

Вскоре проходил мимо один человек, столяр из мебельной мастерской. Он окликнул Юшку, потом
10 переложил его на спину и увидел во тьме белые открытые неподвижные глаза Юшки. Рот его был черен; столяр вытер уста Юшки ладонью и понял, что это была спекшаяся кровь. Он опробовал еще место, гда лежала голова Юшки лицом вниз, и почувствовал, что земля там была сырая, ее залила кровь, хлынувшая горлом из Юшки.

— Помер, — вздохнул столяр. — Прощай, Юшка, и нас всех прости. Забраковали тебя люди, а кто тебе судья!..
20 Хозяин кузницы приготовил Юшку к погребению. Дочь хозяина Даша омыла тело Юшки, и его положили на стол в доме кузнеца. К телу умершего пришли проститься с ним все люди, старые и малые, весь народ, который знал Юшку и потешался над ним и мучил его при жизни.

Потом Юшку похоронили и забыли его.Однако без Юшки жить людям стало хуже. Теперь вся злоба и глумление оставались среди людей и тратились меж ними, потому что не было Юшки, безответно
30 терпевшего всякое чужое зло, ожесточение, насмешку и недоброжелательство.

Снова вспомнили про Юшку лишь глубокой осе-

выучу уму: т.е. покажу, как себя вести

замахнувшись: подняв руку □ **злоба:** раздражение

навзничь: на спину

вниз лицом: т.е. лицом в землю

не пошевелился: остался неподвижным

столяр: рабочий, обрабатывающий дерево

мастерская: т.е. место, где изготовляют мебель

переложил: опять повернул □ **во тьме:** в темноте

уста: губы

спёкшаяся: т.е. засохшая □ **опробовал:** тронул

залила: т.е. была покрыта

хлынувшая: которая лилась с силой

вздохнул: со вздохом, с чувством горя

забраковали: не приняли

судья: тот, кто судит

погребение: похороны

положили на стол: мёртвого кладут на стол (таков ритуал до погребения) □ **малые:** молодые

потешаться: смеяться над

злоба: т.е. злые чувства

глумление: см. глумиться: смеяться над

меж: между □ **безответно:** молча

терпевший: переносивший □ **ожесточение:** жестокость

недоброжелательство: т.е. антипатия

нью. В один темный непогожий день в кузницу пришла юная девушка и спросила у хозяина-кузнеца: где
ей найти Ефима Дмитриевича?

— Какого Ефима Дмитриевича? — удивился кузнец. — У нас такого сроду тут и не было.

Девушка, выслушав, не ушла, однако, и молча
ожидала чего-то. Кузнец поглядел на нее: что за гостью ему принесла непогода. Девушка на вид была
тщедушна и невелика ростом, но мягкое чистое ли-
10 цо ее было столь нежно и кротко, а большие серые
глаза глядели так грустно, словно они готовы были
вот-вот наполниться слезами, что кузнец подобрел
сердцем, глядя на гостью, и вдруг догадался:

— Уж не Юшка ли он? Так и есть — по паспорту
он писался Дмитричем...

— Юшка, — прошептала девушка. — Это правда.
Сам себя он называл Юшкой.

Кузнец помолчал.

— А вы кто ему будете? — Родственница, что ль?
20 — Я никто. Я сиротой была, а Ефим Дмитриевич
поместил меня, маленькую, в семейство в Москве,
потом отдал в школу с пансионом... Каждый год
он приходил проведывать меня и приносил деньги
на весь год, чтоб я жила и училась. Теперь я вырос-
ла, я уже окончила университет, а Ефим Дмитриевич в нынешнее лето не пришел меня проведать.
Скажите мне, где же он, — он говорил, что работал у
вас двадцать пять лет...

— Половина полвека прошло, состарились вме-
30 сте, — сказал кузнец.

Он закрыл кузницу и повел гостью на кладбище.
Там девушка припала к земле, в которой лежал мер-

непогожий: ненастный, плохой погоды

сроду: никогда , ни разу

гостья: гость (женщина)
непогода: плохая погода, ненастье
тщедушна: слабосильна
столь: так ☐ **нежно и кротко:** т.е. лицо у неё доброе
словно: как будто
вот-вот: сейчас ☐ **подобрел:** стал добрее, смягчился
глядя: смотря ☐ **догадался:** понял
так и есть: действительно так
писался Дмитричем: т.е. по отчеству Дмитриевич
прошептала: сказала тихо
сам себя: самого себя (называл)

родственница: т.е. из той же семьи
сирота: без родителей
поместил: отдал
с пансионом: т.е. в пансионат
проведывать: навещать (т.е. мы виделись)

в нынешнее лето: этим летом

полвека: т.е. пятьдесят лет

кладбище: место, где хоронят умерших
припала к земле: т.е. всем телом легла на землю

твый Юшка, человек, кормивший ее с детства, никогда не евший сахара, чтоб она ела его.

Она знала, чем болел Юшка, и теперь сама окончила ученье на врача и приехала сюда, чтобы лечить того, кто ее любил больше всего на свете и кого она сама любила всем теплом и светом своего сердца...

С тех пор прошло много времени. Девушка-врач осталась навсегда в нашем городе. Она стала работать в больнице для чахоточных, она ходила по домам, где были туберкулезные больные, и ни с кого не брала платы за свой труд. Теперь она сама уже тоже состарилась, однако по-прежнему весь день она лечит и утешает больных людей, не утомляясь утолять страдание и отдалять смерть от ослабевших. И все ее знают в городе, называя дочерью доброго Юшки, позабыв давно самого Юшку и то, что она не приходилась ему дочерью.

кормивший: который её содержал

лечить: ухаживать за ним

чахоточный: больной туберкулёзом

не брала платы: не хотела денег
состарилась: т.е. старая □ **по-прежнему:** как раньше
не утомляясь: не чувствуя усталости
утолять: т.е. делать более лёгким □ **отдалять:** делать более далёким, откладывать

не приходилась ему: не была его

Thème

(Le premier chiffre renvoie à la page, le suivant aux lignes.)

C'est ma cousine du côté maternel. (78-18)

De nombreuses années ont passé depuis qu'il a quitté la ville. (78-8)

C'était un homme de petite taille et d'aspect malingre qui paraissait plus vieux que son âge. (60-12) (76-9)

Il met de côté tout l'argent qu'il gagne pour payer les études de ses enfants. (72-4)

Les parents reprochent souvent aux enfants de ne pas travailler assez. (64-26/27)

Il porte toujours ce vieux manteau qu'il a hérité de son père. (60-24, 29)

Il s'affaiblit d'année en année. (72-8)

Je suis étonné par le comportement de ce garçon: il ne se fâche jamais et fait preuve de patience en toute circonstance. (62-15, 19) (72-26)

Tu ferais mieux de leur téléphoner pour leur dire que nous ne pouvons les attendre. (66-23)

Elle lui en a voulu et depuis ils ne se voient plus. (62-15)

Il est entièrement coupable. (66-14/15)

Il aime respirer le parfum de l'herbe et des forêts. (68-31)

Александр Солженицын

Озеро Сегден

Нет смысла представлять читателю А.Солженицына — самого известного на западе русского писателя XX века. **Архипелаг ГУЛаг**, который открыл миру систему советских лагерей, литературная эпопея **Красное колесо**, романы **В круге первом** и **Раковый корпус** принесли ему славу. В таких произведениях, как **Один день Ивана Денисовича**, или **Крохотные рассказы** (1964), откуда взят следующий текст, Солженицын является мастером малой формы.

Это озеро находится среди государственных дач, где отдыхает высокое начальство. Автор противопоставляет официальный мир запретов и красоту родной природы.

Об этом озере не пишут и громко не говорят. И заложены все дороги к нему, как к волшебному замку, над всеми дорогами висит знак запретный, простая немая черточка.

Человек или дикий зверь, кто увидит эту черточку над своим путем — поворачивай! Эту черточку ставит земная власть. Эта черточка значит: ехать нельзя и лететь нельзя, идти нельзя и ползти нельзя.

А близ дорог в сосновой чаще сидят в засаде по-
10 стовые с турчками и пистолетами.

Кружишь по лесу молчаливому, кружишь, ищешь, как просочиться к озеру, — не найдешь, и спросить не у кого: напугали народ, никто в том лесу не бы-вает. И только вслед глуховатому коровьему коло-кольчику проберешься скотьей тропой в час полуден-ный, в день дождливый. И едва проблеснет тебе оно, громадное, меж стволов, еще ты не добежал до него, а уж знаешь: это местечко на земле излю-бишь ты на весь свой век.

20 Сегденское озеро — круглое, как циркулем выре-занное. Если крикнешь с одного берега (но ты не крикнешь, чтоб тебя не заметили) — до другого только эхо размытое дойдет.

Далеко. Обомкнуто озеро прибрежным лесом. Лес ровен, дерево в дерево, не уступит ни ствола. Вышедшему к воде, видна тебе вся окружность за-мкнутого берега: где желтая полоска песка, где се-рый камышок ощетинился, где зеленая мурава лег-ла. Вода ровная-ровная, гладкая, без ряби, кой-где у
30 берега в ряске, а то прозрачная белая — и белое дно.

Замкнутая вода. Замкнутый лес. Озеро в небо смо-трит, небо — в озеро. И есть ли еще что на земле —

заложены: закрыты □ **волшебный:** магический

замок: дворец □ **запретный:** т.е. запрещения (проходить нельзя) □ **немая:** см. немой = который не говорит □ **чёрточ-ка:** маленькая черта

путь: дорога □ **поворачивай:** назад

земная власть: т.е. правительство

ползти: передвигаться помогая себе ногами и руками

близ: около □ **сосновая чаща:** лес из сосен □ **в засаде:** т.е. скрыты □ **постовой:** стоящий на посту □ **турчки:** винтовки

кружишь: ходишь (см. круг)

просочиться: добраться, дойти до

напугали народ: т.е. народу страшно

вслед: по следам □ **глуховатый:** чуть слышный □ **коровий:** см. корова □ **проберёшься:** с трудом пройдёшь □ **скотьей тропой:** дорожкой для скота □ **проблеснёт:** вдруг появится

громадное: очень большое □ **меж:** между □ **ствол:** *tronc*

местечко: место □ **излюбишь:** сильно полюбишь

на весь свой век: навсегда

циркуль: *compas* □ **вырезанное:** выгравированное

чтоб не заметили: т.е. узнали, что ты здесь

размытое: т.е. слабое

обомкнуто: окружено □ **прибрежный:** вдоль берега

не уступит: не даст места, т.е. очень густой

вышедшему: тому, кто вышел □ **окружность:** окружающее место □ **замкнутый:** закрытый

камышок: *roseau* □ **ощетиниться:** *se hérisser* □ **мурава:** трава

без ряби: т.е. нет ни одной волны □ **кой-где:** местами

в ряске: покрытая растениями □ **прозрачная:** чистая

неведомо, поверх леса — не видно. А если что и есть — оно сюда не нужно, лишнее.

Вот тут бы и поселиться навсегда... Тут душа, как воздух дрожащий, между водой и небом струилась бы, и текли бы чистые глубокие мысли.

Нельзя. Лютый князь, злодей косоглазый, захватил озеро: вон дача его, купальня его. Злоденята ловят рыбу, бьют уток с лодки. Сперва синий дымок над озером, а погодя — выстрел.

Там, за лесами, горбит и тянет вся окружная область. А сюда, чтоб никто не мешал им, — закрыты дороги, здесь рыбу и дичь разводят особо для них. Вот следы: кто-то костер раскладывал, — притушили вначале и выгнали.

Озеро пустынное. Милое озеро.

Родина...

неведомо: неизвестно □ **поверх:** выше, над
лишнее: бесполезное
поселиться: жить
струилась: течь струями (струя: *jet, filet d'eau*)

лютый: жестокий □ **злодей:** злой человек □ **косоглазый:** с косыми глазами (косой ≠ прямой) □ **купальня:** место для купанья □ **злоденята:** маленькие злодеи □ **бьют:** стреляют в
дымок: лёгкий дым □ **погодя:** позже
горбит и тянет: т.е. местность неровная
не мешал: т.е. не нарушал покоя
дичь: дикие птицы □ **разводят:** дают расплодиться
особо: специально □ **раскладывал:** зажигал □ **притушили:** загасили
пустынное: тихое, безлюдное

Thème

(Le premier chiffre renvoie à la page, le suivant aux lignes.)

Impossible de trouver une route qui mène à ce lac. (82-2, 12)

Il a non sans mal réussi à se frayer un chemin à travers la forêt. (82-15)

Si seulement je pouvais m'installer à la campagne pour les mois d'été. (84-3)

Des voix étouffées parvenaient de la rive opposée. (82-21, 23)

Il n'y a malheureusement personne à qui on puisse demander où aboutit ce chemin. (82-12, 13)

Personne ne vient dans cette forêt, il est interdit d'y circuler à pied comme en voiture. (82-8, 13)

Лев Шейнин
Ночной пациент

Рассказы Л.Шейнина (1906-1967) отличаются тем, что их автор работал около 30-ти лет следователем прокуратуры и милиции. Его опыт позволил ему написать **Записки следователя** (1938), основанные, по-видимому, на реальных фактах, но беллетризированные и снабженные необходимой в ту эпоху коммунистической моралью. Это специфически советские детективные рассказы и романы, которые читаются не без интереса.

Рассказ, который вы сейчас прочитаете, нам показывает, как "настоящая советская женщина" идет в милицию, чтобы донести, что ее муж из трусости не выдает бандита.

Само собой разумеется, что этот рассказ надо читать с иронической точки зрения.

Летом 1928 года в Ленинграде начались ограбления булочных. Они совершались довольно регулярно — через каждые два-три дня — и отличались исключительной дерзостью и одинаковыми подробностями.

Минут за десять до закрытия, то есть около одиннадцати часов вечера, в очередную булочную врывались трое вооруженных молодых людей. Они закрывали за собой дверь, и старший из них давал команду:

— Ложись на пол, лицом вниз! Граждане, прошу не задерживаться...

Продавцы, кассирша и поздние покупатели довольно организованно выполняли этот приказ.

Тогда грабители забирали выручку и уходили, оставив в кассе следующего содержания расписку:

«Расписка. Взято взаимообразно в кассе некоторое количество денежных знаков. Точная сумма будет сообщена кассиршей после подсчета».

Меры, принятые уголовным розыском к обнаружению преступников, не давали никаких результатов. Ограбления булочных продолжались.

Тогда было решено организовать массовую засаду во всех булочных города, с тем чтобы в каждой из них дежурили под видом продавцов агенты уголовного розыска.

Так и было сделано, и в назначенный день во всех булочных города рядом с настоящими продавцами стояли за прилавком и отпускали хлебные изделия молодые люди в белых халатах.

В этот день грабители не пришли. Решили засаду оставить и на следующий день.

ограбление: см. грабить, воровать (зд. хлеб)
булочная: магазин, где продаётся хлеб

исключительная: необыкновенная □ **дерзость:** смелость
подробность: деталь

очередная: следующая по очереди □ **врывались:** входили с
силой □ **вооружённый:** с оружием в руках

команда: приказ

не задерживаться: т.е. торопиться
поздние: последние (см. поздно)
организованно: т.е. без паники □ **выполняли приказ:**
слушались □ **забирали выручку:** захватывали деньги
расписка: документ о получении чего-то
взаимообразно: взаймы, в долг
денежные знаки: т.е. деньги, билеты
после подсчёта: подсчитав, сколько в кассе
уголовный розыск: *police judiciaire* □ **к обнаружению:** чтобы
найти

засада: *embuscade*

дежурили: следили за движением □ **под видом:** т.е. одеты как

назначенный: установленный

прилавок: стол для продажи □ **отпускали:** продавали □ **хлебные изделия:** т.е. хлеб □ **халат:** рабочая одежда
грабители: те, кто грабит
и: также

Ровно без десяти минут одиннадцать в булочной на углу Бассейной и Знаменской улиц с шумом хлопнула входная дверь, и в магазин вошли трое молодых людей, вооруженных наганами.

— Руки вверх! — скомандовал один из них. — Ложись на пол, лицом вниз!..

— Руки вверх! — ответили «продавцы», также обнажив оружие. — Руки вверх, стрелять будем!..

В этот час в булочной находились две поздние
10 покупательницы, грузные пожилые дамы.

Схватив испуганных женщин, грабители выставили их впереди себя, понимая, что сотрудники угрозыска при этих условиях стрелять не будут. Сами же они за спиной остолбеневших женщин открыли стрельбу по прилавку. Один из агентов, перепрыгнув через прилавок, бросился к ним, но выстрелом в упор был убит наповал. Кто-то из грабителей начал стрелять в люстру, висевшую в булочной. Электрические лампы лопались одна за другой. Ста-
20 ло темно. И, воспользовавшись этим, грабители выбежали из булочной.

Агенты стреляли им вслед. Один из грабителей был ранен в руку, — револьвер выпал, и он со стоном схватился за раненую кисть руки. Это успели заметить.

Выбежав на улицу, грабители разбежались в разные стороны и скрылись.

Было ровно одиннадцать часов вечера.

К часу ночи все многочисленные больницы, поли-
30 клиники, амбулатории и лечебницы города, а также все частнопрактикующие врачи были официально уведомлены о том, что при перестрелке с агентами

хлопнула: открылась с шумом

наган: револьвер
вверх: т.е. поднимите (руки)

обнажив: вынув

грузные: толстые ☐ **пожилые:** немолодые
испуганные: полные страха

при этих условиях: в таком случае
остолбеневшие: которые стояли неподвижно
стрельба: см. стрелять ☐ **перепрыгнуть:** прыгнуть через

в упор: т.е. близко к цели ☐ **наповал:** сразу

лопались: ломались, разбиваясь
воспользовавшись эти: т.е. благодаря темноте

вслед: прямо за ними
со стоном: жалуясь на боль
кисть руки: конечная часть руки

амбулатория: медпункт ☐ **лечебница:** клиника
частнопрактикующие: работающие у себя дома ☐ **уведомить:**
дать информацию ☐ **перестрелка:** когда стреляют друг в друга

угрозыска был ранен в руку и потом бежал опасный преступник, грабитель и убийца.

«В том случае, — говорилось в этом уведомлении, — если к вам обратится за врачебной помощью человек с огнестрельным ранением руки, ваш гражданский долг — немедленно сообщить об этом дежурному угрозыска или ближайшему постовому милиционеру и оказать им содействие в задержании преступника».

И это уведомление, как и тысячи других врачей, прочел и расписался в том, что прочел, хирург больницы имени 25 Октября, доктор Арзуманян.

В первом часу ночи, сдав дежурство по больнице, доктор Арзуманян направился домой. Он жил недалеко от больницы — на улице Восстания, и потому пошел пешком.

Дома его уже поджидала жена. Супруги были недавно женаты, очень любили друг друга, и Вера Ивановна, как звали жену доктора, никогда не ложилась спать, не дождавшись мужа.

За чаем доктор рассказал жене о срочном уведомлении угрозыска, полученном в больнице.

— Очевидно, произошло что-то серьезное, — продолжал доктор, с аппетитом похрустывая еще теплым печеньем, изготовленным лично Верой Ивановной, — надо полагать... э-э-э... надо полагать, мой дружок, что речь идет о серьезном преступнике. Иначе не стали бы поднимать такой шум... И, кроме того, этот мерзавец кого-то убил...

— Скажи, милый, — вдруг спросила Вера Ивановна, — ну представь себе, что вдруг... вдруг этот

убийца: тот, кто убил

уведомление: информация

врачебная: медицинская

огнестрельное ранение: рана, причинённая револьвером

сообщить: информировать □ **дежурный:** агент, который дежурит

содействие: помощь □ **в задержании:** чтобы арестовать

расписался: т.е. подписался, признавая, что знает об этом □

прочёл: прочитал

сдав дежурство: т.е. после службы, работы

направился: пошёл

восстание: *insurrection*

поджидала: ждала возвращения

не дождавшись: т.е. до возвращения

срочное: не терпящее промедления

похрустывая: *en croquant*

печенье: бисквит □ **изготовленное:** сделанное

полагать: считать, думать

иначе: в противном случае

мерзавец: низкий, подлый человек

человек явился бы к тебе... Что бы ты сделал? Как бы ты поступил?..

Доктор Арзуманян улыбнулся и нежно посмотрел на жену.

— Ты задаешь странный вопрос, Верочка, — ответил он, глядя ей прямо в глаза, — разве ты меня не знаешь? Я просто схватил бы этого негодяя за шиворот и потащил бы его в милицию... Однако, — добавил он, взглянув на часы, — пора спать...

10 Около трех часов ночи доктор проснулся. Кто-то звонил. Недоумевая, кто бы это мог в такое время прийти, он накинул халат и пошел отворять. Когда, сняв цепочку, доктор распахнул дверь, он очутился лицом к лицу с высоким молодым человеком, стоявшим на площадке лестницы.

— Простите, ради бога, — вежливо сказал неизвестный, — но, судя по этой карточке, вы врач?

— Да, — ответил доктор, — я хирург...

Но, сказав это, он почувствовал, что дальше ему 20 говорить уже трудно. Дело в том, что, несмотря на полумрак, царивший в передней, он ясно увидел, что правая рука человека, стоявшего перед ним, забинтована. Доктора охватил такой страх, что он пошатнулся и прислонился к стене, чтобы не упасть.

— так вот, доктор, — спокойно продолжал неизвестный, — я еще раз приношу свои извинения, но прошу оказать мне помощь. Дело в том, что я легко ранен в руку... Такая, знаете ли, романтическая история. Любимая женщина, муж... Одним словом, 30 вы понимаете...

— Э-э-э... Очень рад... То есть я хотел сказать... Одним словом, — проблеял доктор, сам не понимая,

поступить: вести себя
нежно: ласково, с любовью

разве: правда ли, что
негодяй: мерзавец
шиворот: воротник □ **потащил бы:** заставил бы пойти
взглянув: посмотрев
проснуться ≠ заснуть
недоумевая: не зная, что делать
накинул: набросил, надел □ **отворять:** открывать
распахнул: широко открыл □ **очутился:** оказался

на площадке лестницы: т.е. перед дверью
вежливо: любезно

полумрак: очень слабый свет □ **царивший в передней:**
который был в прихожей □ **забинтована:** перевязана бинтом
(бинт: *pansement*) □ **охватил такой страх:** ему стало страшно
пошатнулся: т.е. еле держался на ногах □ **прислонился:**
приблизился вплотную

проблеял: т.е. произнёс неуверенным голосом

что он говорит, — очень приятно... э-э-э...

— Мерси, — галантно поклонился неизвестный и, не слушая дальнейшего лепета доктора, легонько отодвинул его плечом в сторону и, войдя в переднюю, аккуратно запер за собой дверь.

— Где ваш кабинет?

Доктор неуверенно поплелся в кабинет, молодой человек следовал за ним.

— Должен вам сказать, — говорил он, — что я, конечно, мог бы обратиться в любую поликлинику или амбулаторию. Но, сами понимаете, огнестрельное ранение. Начнутся расспросы, милиция... Может всплыть имя этой женщины, может пострадать ее честь... Я и решил в частном порядке... Вы меня понимаете, доктор?

— Безусловно... что за вопрос, — поспешил согласиться Арзуманян, понемногу приходя в себя.

Вера Ивановна внезапно проснулась. Услышала чужой голос в кабинете мужа. Она оделась, вышла в коридор и вызвала мужа.

— Что случилось? — спросила Вера Ивановна, — кто это там?

— Пришел этот бандит, — запинаясь пролепетал Арзуманян.

Вера Ивановна побледнела. Она увидела, что муж взволнован еще больше, чем она. Это почему-то заставило ее успокоиться.

— Иди к нему, — прошептала она, — а я спущусь к управдому и оттуда позвоню в милицию...

Арзуманян тускло посмотрел на жену, потом он больно сжал ей руку и сердито прошептал:

поклонился: сделал поклон

дальнейшего: т.е. других (слов) ☐ **лепет:** неясные слова

легонько: очень легко

запер: закрыл на ключ

поплёлся: с трудом пошёл

следовал: шёл, шагал

обратиться: т.с. пойти

расспросы: вопросы с целью узнать

всплыть: обнаружиться

в частном порядке: т.е. обратиться к частному врачу

понемногу: постепенно

внезапно: вдруг

запинаясь: останавливаясь от волнения ☐ **пролепетал:** неразборчиво сказал

это почему-то: т.е. такая причина

спущусь: пойду вниз (спуститься)

управдом: управляющий домом

тускло: невыразительно

больно: т.е. очень сильно

— Ты сошла с ума! Какое нам дело? Не говори глупостей. Если мы его выдадим, то завтра его сообщники зарежут нас, как цыплят. Ты не знаешь этих уголовников...

И, резко повернувшись, он ушел в кабинет. Ночной пациент встретил его подозрительным взглядом.

— С кем это вы там шептались? — спросил он, глядя на врача в упор. — Смотрите, доктор...

10 — Жена проснулась, — виновато произнес Арзуманян. — Я ее успокоил...

И доктор промыл рану в руке этого человека, извлек пулю, застрявшую в мякоти, и привычно сделал перевязку.

— Ну вот и все, — сказал он, — но если появится опухоль, краснота или температура, то немедленно обратитесь к врачу. Заражение не исключено.

— Благодарю вас, — снова переходя на любезный тон, мягко произнес неизвестный, — тогда я снова
20 зайду к вам. Вот...

И он протянул доктору деньги. Арзуманян покорно их принял.

Как только захлопнулась дверь за ночным пациентом, началась первая семейная ссора. Вера Ивановна плакала, кричала на мужа, упрекала его в трусости. Доктор пытался оправдываться, но это еще больше раздражало Веру Ивановну.

— Стыдись, — говорила она, — ты вел себя как шкурник, как обыватель, как трус!.. Мне горько, что
30 у меня такой муж!.. Как ты мог так поступить?..

Уже на рассвете супруги примирились. Доктор клятвенно обещал жене, что если этот человек вто-

выдадим: т.е. всё скажем милиции □ **сообщник:** соучастник
зарежут: убьют □ **цыплята:** см. цыплёнок (птенец курицы)
уголовник: преступник

подозрительный: недоверчивый

шептаться: говорить с кем-нибудь шёпотом
глядя в упор: смотря прямо в глаза

промыл: очистил, моя □ **извлёк:** вынул
застрявшая в мякоть: которая вошла в мягкую часть
перевязка: см. перевязать

опухоль: зд. опухшее (пухлое) место на коже
заражение: см. заразить, передать микробы

протянул: т.е. дал □ **покорно:** не возражая

ссора: т.е. муж и жена начали браниться
трусость: см. трус, тот, кто всего боится
оправдываться: доказывать свою правоту
раздражать: расстраивать нервы
стыдись: т.е. как тебе не стыдно
шкурник: эгоист □ **обыватель:** тот, кто живёт только
личными интересами
на рассвете: очень рано утром □ **примирились:** заключили
мир □ **клятвенно обещал:** т.е. дал слово

рично явится («А он явится, безусловно явится, вот увидишь», — говорил доктор), то он его задержит.

— Я не струсил, — продолжал Арзуманян, — честное слово, нет... Но это было так неожиданно, что я растерялся, пойми, Верочка...

На следующий день вечером неизвестный снова пришел. На этот раз дверь отворила Вера Ивановна.

— Простите, доктор дома? — спросил он.

10 Вера Ивановна взглянула на его перевязанную руку и поняла, кто пришел.

— Дома, — сказала она, — пройдите.

И проводила пришедшего в кабинет мужа. Потом она прошла в столовую и тихо сказала Арзуманяну:

— Он пришел. Я пойду к управдому. Хорошо?

— Не надо, — ответил Арзуманян. — Я сам после перевязки выйду с ним на улицу и сдам его постовому милиционеру.

Вера Ивановна согласилась. Доктор прошел в ка-
20 бинет, снова промыл рану, сделал перевязку и вместе с пациентом вышел из квартиры. Вера Ивановна, волнуясь, ожидала его возвращения. Наконец он пришел, открыв своим ключом дверь.

— Ну? — спросила она.

— Видишь ли, — промямлил Арзуманян, — дело в том... Ах, как не повезло... Одним словом, постового милиционера почему-то не оказалось на месте. Наверно, ушел куда-нибудь...

И доктор начал старательно чистить воротник
30 своего пальто. Впрочем, в этом не было никакой нужды: воротник был абсолютно чист.

вторично: второй раз □ **безусловно:** обязательно
задержать: остановить

струсил: испытал страх

растерялся: не знал, как поступить

пришедший: тот, кто пришёл, посетитель

перевязка: см. перевязать, забинтовать □ **сдать:** передать

промямлить: произнести невнятно
не повезло: неудачно
почему-то: неизвестно почему

старательно: аккуратно □ **воротник:** часть одежды вокруг
шеи □ **впрочем:** однако

Утром, придя на работу, я увидел в приемной молодую женщину. Она подошла ко мне.

— Мне нужно к старшему следователю, — сказала она.

— Я вас слушаю. Пройдемте в кабинет.

В кабинете женщина сообщила, что ее фамилия Арзуманян, что муж ее врач и что явилась она в прокуратуру для того, чтобы заявить о преступных действиях мужа, который из трусости фактически
10 стал укрывателем преступника.

И Вера Ивановна подробно рассказала обо всем, что произошло за эти два дня.

— Я пришла к вам, ничего не сказав мужу, — продолжала она. — Дело в том, что этот человек может прийти к мужу еще раз. Поэтому есть, мне кажется, возможность задержать его.

Я записал все, что рассказала Вера Ивановна. Она подписала протокол.

— Скажите, — спросила она, уже уходя, — что
20 грозит моему мужу?.. Я понимаю, что он виноват, но... но мне все-таки жаль его...

В тот же вечер человек с перевязанной правой рукой был задержан в подъезде дома, в котором жил доктор Арзуманян. Он в третий раз направлялся к врачу.

Этот человек оказался матерым бандитом, имеющим много судимостей. Фамилия его была — Тимофеев, кличка — Ленька Береговой. Он выдал двух своих сообщников, вместе с которыми совершал
30 ограбления булочных.

Все они были преданы суду. По этому делу был также привлечен к ответственности доктор Арзума-

приёмная: комната, где принимают

старший следователь: *juge d'instruction*

пройдёмте: т.е. вы с нами

прокуратура: *le parquet* □ **заявить:** сообщить
преступные действия: т.е. преступления, ошибки

укрыватель: тот, кто скрывает преступника
подробно: в деталях

задержать: т.е. арестовать

грозить: быть опасным

подъезд: вход
направляться: идти

матёрый: опытный, всем известный как таковой
много судимостей: т.е. несколько раз приговорили
кличка: прозвище, название

преданы суду: т.е. арестованы
привлечь к ответственности: обвинить

нян. Все в зале насторожились, когда председательствующий произнес:

— Товарищ комендант, пригласите свидетельницу Веру Ивановну Арзуманян.

В зале зашептались. Подсудимый Арзуманян отвернулся от публики, насмешливо его рассматривавшей. Ленька Береговой уставился на дверь, откуда должна была войти свидетельница. Защитник Арзуманяна торопливо что-то записывал. Прокурор сдержан-
10 но улыбался.

Вошла Вера Ивановна. Она спокойно стала перед судом, но по тому, как она нервно мяла перчатку и часто переминалась с ноги на ногу, можно было понять, что она взволнована.

— Ваша фамилия, имя, отчество? — привычно спросил председательствующий. — Сколько вам лет?

— Вера Ивановна Арзуманян. Двадцать три года, — коротко ответила свидетельница.

— Подсудимый Арзуманян ваш муж?
20 — Да.

— Объясните суду, что побудило вас подать заявление в прокуратуру?

— Я ведь советская женщина, — просто ответила Вера Ивановна.

— Суду все ясно, вопросов нет, — заключил председательствующий.

1930

насторожиться: вслушаться □ **председательствующий:** т.е. председатель

свидетельница: см. свидетель: тот, кто присутствовал, видел

подсудимый: человек под судом

насмешливо: иронически

уставиться: посмотреть пристально

торопливо: спеша, быстро □ **сдержанно:** т.е. слегка

мять: сжимать

переминаться: опираться то на одну, то на другую ногу

побудить: склонить □ **заявление:** письменная просьба

Thème

(Le premier chiffre renvoie à la page, le suivant aux lignes.)

Vous n'avez pas de chance, il vient juste de partir pour Moscou. (100-26)

Malgré la pénombre qui régnait dans la pièce, il distingua assez nettement un homme adossé au mur. (94-20/21, 24)

Tous les deux ou trois jours il se rendait à la campagne pour rendre visite à sa mère malade. (88-3)

Les cambrioleurs ont emporté la recette. (88-15)

Ayant sauté par dessus la table, il se jeta sur son adversaire et tira sur lui à bout portant. (90-15/17)

Perplexe, il enfila sa veste et alla ouvrir. (94-11/12)

Il se tenait debout, immobile, l'œil fixé sur la porte. (104-7)

Il faut croire qu'il s'agit de quelque chose de sérieux pour me réveiller de la sorte à deux heures du matin. (92-23, 26)

Le public dressa l'oreille: l'accusé prenait la parole. (104-1, 5)

J'ai été pris d'une telle peur que j'ai failli perdre connaissance. (94-23)

Il est légèrement blessé à la main. (94-28)

Евгений Попов
Электронный баян

E.Попов (1946) начал писать очень рано, но его произведения стали по-настоящему печататься только с перестройкой. Он опубликовал один роман, однако его излюбленный жанр – рассказ. Е.Попов часто находится на грани реальности и фантастического мира, который у него рождается внутри самой обыкновенной повседневной жизни. Е.Попов считается одним из самых одаренных писателей своего поколения.

В **Электронном баяне** (1987) герой, тот самый средний человек, которого так любит описывать автор, вдруг случайно открывает высокое искусство и внезапно, непонятно для себя самого, испытывает отвращение к себе самому, к жене, к своей серой жизни. Но этот бунт кончается столь же внезапно, как и начинается.

«Дома-то щас как будет непременно хорошо! Катька поварешкой в борще зашурудит. А борщ тот красный, как знамя. Что ж она, лапушка, на второе-то приготовит? Если курочку... или баранинки потушила... с капусткой свежей... картошечки туда, помидорчиков — замечательно! Ну, а коли просто яишню сжарила с колбасой — тоже красиво. Господи! За что мне счастье-то такое, простому человеку? Витяха в колени сунется: ''Папка! Папка! Давай будем 'Конструктор' собирать, луноход на Луну пустим!''. Смышленый растет, чертенок, а не избаловался бы на всем обилии. Мы-то в его годы чрезвычайно не так жили. Вечно не жрамши... или хлеба там какого с солью подшамаешь... Господи! И за что мне счастье-то такое? Одному, все одному мне, простому человеку!..»

Так радовался направлявшийся домой после напряженного трудового дня честный человек и хороший специалист среднего звена Пальчиков Петр Матвеевич, тридцати восьми лет, семейный, как видите.

А дом его, равно как и десятков других семей рабочих и служащих, расположился, глубоко вписавшись в подножие отрогов Саянских на правом берегу реки Е., довольно далеко от центра, а стало быть, и от места работы Петра Матвеевича, откуда он добирался и трамваем и автобусом.

Вот только и было одно неудобство, что транспорт этот. А так, согласно всем требованиям нынешней планировки и градостроения, имелось у них в микрорайоне решительно все, что нужно современ-

щас: сейчас □ **непременно:** обязательно
поварёшка: большая ложка □ **зашурудить:** перемешать
лапушка: милая □ **второе-то:** т.е. блюдо
курочка: курица □ **баранинки:** баранина
тушить: варить на медленном огне □ **картошечка:** картофель
помидорчик: помидор □ **коли** = если
яишня: яичница

Витяха: Витя (Виктор) □ **в колени сунется:** пристанет
конструктор: игра □ **луноход:** робот (ходит по Луне)
смышлёный: быстро понимающий □ **чертёнок:** ласково о
сыне □ **избаловался:** капризничает □ **на всём обилии:** т.е.
так как у него всё есть □ **чрезвычайно:** совсем □ **не жрамши:**
т.е. голодали □ **подшамать:** поесть, жрать

направлявшийся: идущий □ **напряжённый:** интенсивный
трудовой день: рабочий день
среднего звена: *d'échelon intermédiaire*
семейный: женатый, с детьми

расположился: находился □ **вписаться:** быть в гармонии
подножие: самый низ горы □ **отроги:** т.е. горы □ **Саянские:**
горы на западе Байкала

добираться: т.е. возвращаться не без труда

неудобство: что-то неудобное □ **что:** т.е. что касается
согласно = в согласии с □ **нынешняя:** теперешняя
планировка: см. планировать □ **градостроение:** городское
строительство □ **микрорайон:** квартал

ному человеку для жизни полнокровной, интерес-
ной, насыщенной в любом отношении.

Судите сами: помимо ванн в домах всегда парила
на морозе прекрасная большая баня с прачечной и
приемным пунктом химчистки, про магазины «Три-
котаж», «Булочная-кондитерская», «Бакалея — га-
строномия», «Рыба» и говорить смешно — тут они,
под носом. Неподалеку же — колхозный аккуратный рынок с умеренными ценами, для игрищ и за-
10 бав — клуб завода резинотехнических изделий, функ-
ционировал даже и пивной бар в микрорайоне, а к
услугам любителей имелась настоящая музыкальная
школа. Да в таком микрорайоне тыщу лет живи и
все помирать не захочешь!

Ну, в пивной бар Петр Матвеевич заходить, естественно, не стал. Там грязно, накурено, кричат.
Нечистая буфетчица с опухшей рожей нехорошо шу-
тит. Пьянь какая-нибудь пристанет, вымаливая двадцать копеек. И ко всему прочему не уважал Петр
20 Матвеевич пиво, хотя и был наслышан о его вол-
шебных свойствах. Что, дескать, оно и того, и сего... бодрит, стимулятор. В сон его и дрему тянуло
с пива, а Петр Матвеевич всегда хотел жить, а не
спать. Вот он и прихватил в магазине четвертинку.
Шел, прихрустывая ледком, по смеркающимся улицам, где в домах уже зажигались желтые огни, и синие горы уже темнели, и небо уже сливалось с ними.

Шел привычной дорожкой, но ее всю страшно разбили ногами, и грязь, несмотря на ледок, кое-где
30 еще не схватилась.

Петр Матвеевич влез раз, влез другой, ругнулся
и решил идти по территории музыкальной школы.

полнокровная: т.е. радостная

насыщенная: богатая

помимо: кроме □ **парила:** т.е. работала (поднимался пар)

прачечная: место для стирки белья

химчистка: магазин, принимающий одежду в чистку

бакалея: там, где продают кофе, сахар, чай и т.д.

под носом: в двух шагах □ **неподалёку:** недалеко □ **аккуратный:** чистый, организованный □ **умеренный:** недорогой □ **игрище:** развлечение □ **резинотехнические изделия:** *articles techniques en caoutchouc* □ **пивной бар:** где пьют пиво □ **к услугам:** т.е. чтобы удовлетворить

тыща =тысяча

помирать не захочешь: жить хочется

накурено: наполнено дымом (от курения)

буфетчица: продавщица □ **опухшая рожа:** т.е. полное, вздутое лицо □ **пьянь** = пьяница □ **пристать:** надоесть □ **вымаливать:** добиваться мольбами □ **прочее:** другое (зд. между прочим)

был наслышан: по слухам знал □ **волшебное:** прекрасное

свойство: качество □ **дескать:** говорят другие

и того и сего: и так и как □ **бодрит:** даёт энергию

дрёма = дремота □ **тянуло с пива:** от пива хотелось спать

прихватить: купить □ **четвертинка:** бутылка в 1/4 литра

прихрустывать: *croquer* □ **ледок:** кусок льда □ **смеркаться:** темнеть

сливалось: т.е. нельзя было отличить горы от неба

всю разбили ногами: везде были ухабы *(ornières)*

кое-где: там и сям

не схватилась: не стала твёрдой

влез: погрузился в грязь □ **ругнулся:** выбранился

Там сразу же от штакетника начиналась асфальто-
вая дорожка и у противоположного штакетника за-
канчивалась. Там нужно было махнуть через забор,
и уж дом — вот он тут, рядом.

Сам Петр Матвеевич вообще-то не сильно поощрял подобное шастанье по территории школы. И
сыну Витяхе наказывал и дружков его чурал. «Нехорошо, пацаны, — убеждал он их. — Ведь вы уже
взрослые мужики, правда? А там затрачен труд
10 дворника. Играйте где-нибудь в другом месте, учи-
тесь уважать чужой труд, парни...»

Не поощрял. Но тут уж больно не хотелось окончательно марать в грязи новые коричневые полуботинки. «И по досточкам, по кирпичикам, — шептал
Петр Матвеевич, — доберетесь домой как-нибудь»,
— напевал он.

И хоть был целиком погружен в заботы о сохранности собственной чистоты, а также в думы о гря-
дущем семейном счастье, но все же углядел, что
20 окна школы светятся для такого вечернего времени
довольно неестественно: все до одного и ярко. Обычно в такое время ну одно там, два горят, там, где
на скрипочке пилят, либо на пианино бренькают,
или еще разевают рот, а через стекло-то и не слышно, что за песня из него льется.

Любопытствуя, Петр Матвеевич напялил очки и
обнаружил близ двери на белом бумажном листе
следующий рукописный текст:

30

ЭЛЕКТРОННЫЙ БАЯН
ИГРАЕТ КУДЖЕПОВ
ПРОИЗВЕДЕНИЯ КЛАССИКИ И СОВЕТСКИХ КОМПОЗИТОРОВ
БИЛЕТЫ ПРОДАЮТСЯ

штакетник: ограда из досок
противоположный: расположенный напротив
махнуть: прыгнуть

сильно: очень □ **поощрять:** одобрять, соглашаться с
шастанье: см. шастать: бродить
наказывал: т.е. запрещал туда идти □ **чурать:** слегка бранить
пацан: мальчишка
затрачен труд: т.е. портите работу

парни = ребята
больно: очень
марать: пачкать, грязнить □ **полуботинки:** туфли
досочки: доски □ **кирпичик:** т.е. кирпич (дом строят из кирпича)
напевая: пел про себя
целиком погружён: только и думал о □ **о сохранности:** чтобы сохранить □ **грядущее:** будущее
углядел: увидел
светятся: т.е. оттуда много света
все до одного: все без исключения

на скрипочке пилят: играют на скрипке (неумело)
бренькать: плохо играть □ **разевать:** раскрывать
из него льётся: поётся
любопытствуя: стремясь узнать □ **напялить:** надеть
обнаружить: открыть
рукописный: написан от руки
баян: большая гармоника

— Билеты продаются! — протянул Петр Матвеевич. И сплюнул в сердцах. — Это ж надо такую чуму придумать — электронный баян! Совсем с ума
съехали!

Осудил, но с места дальше не трогался.

Потому что много он в своей жизни видел баянов
и гармоник знал чрезвычайное количество, но вот
чтобы это был баян электронный, то уж этого он
себе представить не мог при всем старании. А ру-
10 ганью лишь распалял любопытство. Потому и решил все-таки сходить, чтобы на случай чего иметь
и на этот предмет свое мнение. Лучше, как гово-
рится, один раз увидеть, чем сто раз услышать.
Кроме того, и семье потом можно будет описать
это интересное явление, и на работе потолковать о
его практической пользе либо вреде. Так что решил
все-таки сходить Петр Матвеевич и, расходами не
стесняясь, приготовил бумажный рубль.

Однако, войдя в фойе, он увидел, что, во-первых,
20 билеты никакие не продаются да и кассы-то никакой
нету. А во-вторых, из-за белой двери доносились
уже звуки какой-то организованной человеческой
речи.

Петр Матвеевич сунул шапку в карман, осторожно приоткрыл дверь и оказался на последнем ряду
маленького зальчика.

На него глянули рассеянно. Билета никто не спросил, только шепнули «тише», когда он скрипнул
стулом. Все слушали человека, стоящего на эстраде.
30   — Таким образом, дорогие друзья, электронный
баян — это очень интересное нововведение в музыке.
И мы все надеемся, что наша промышленность вско-

протянуть: произнести медленно
сплюнуть: выплюнуть (см. плевать) □ **в сердцах:** недовольно
чума: зд. ужас □ **с ума съехали:** с ума сошли

осудить: выразить несогласие □ **не трогался:** т.е. оставался
на месте
чрезвычайное количество: очень много

при всём старании: как ни старался □ **ругань:** грубость
распалять: возбуждать
на случай чего: на всякий случай
предмет: вопрос □ **мнение:** взгляд, точка зрения

потолковать: дать свое мнение
польза (полезный) ≠ вред □ **либо:** или
расходами не стесняясь: не жалея денег

фойе: во время антрактов зрители идут в фойе

доносились: слышно было (за дверью)

речь: выступление
сунуть: вложить
приоткрыл: т.е. не совсем □ **на последнем ряду:** т.е. в
глубине зала
глянули: бросили взгляд □ **рассеяно:** невнимательно
шепнуть: шёпотом, негромко сказать □ **скрипнуть:**
произвести скрип

нововведение: новое явление, новшество
промышленность = индустрия

ре начнет серийный выпуск этих замечательных инструментов, которые мы пока покупаем за границей, и, к сожалению, за валюту, товарищи. — Говоривший тряхнул гривой. — Так что не за горами, товарищи, тот день, когда громадное число наших слушателей, любителей музыки, насладится глубокими звуками этого инструмента, который, как я уже говорил, богатством тонов близок к органу и клавесину, совмещая все это с компактностью и да-
10 же ординарностью исполнительского мастерства.

Это, по-видимому, и был сам Куджепов. Издали Петр Матвеевич не мог подробно разглядеть его лицо. Так, видно было, что человек, видать, уже не первой молодости, с залысинами, несмотря на гриву, в черном костюме — ну это уж как у них полагается.

Да и баян был как баян. И ничего электронного в нем почти не наблюдалось. Разве что шнур уползал за кулисы? А так — баян да баян.

20 — Надуваловка элементарная, — буркнул Петр Матвеевич. — Это ж надо такую чуму придумать.

А пока бурчал, то все и прослушал. Потому что Куджепов еще что-то сказал и тут же проворно развел мехи.

И вдруг — хватило! Схватило, закружило, понесло, к сердцу подступило, заполонило, ознобило, согрело — сладкая истома, головокружение. Мелодия, и сладкая боль, и молодость, и старость — все вместе!

30 — Это что такое? — прошептал Петр Матвеевич. — Эт-то что же такое?

— А это нужно знать, молодой человек, — с до-

серийный: см. серия ☐ **выпуск:** производство

за валюту: т.е. за иностранные деньги
тряхнуть: см. трясти, качать ☐ **грива:** длинные волосы ☐ **не за горами:** очень близко
насладится: послушает с удовольствием

орган: *orgue*
совмещать: соединять ☐ **компактность:** т.е. сжатость и богатство ☐ **ординарность:** обыкновенность ☐ **мастерство:** искусство (исполнителя) ☐ **по-видимому:** вероятно
разглядеть: рассмотреть
видать: по-видимому
залысина: см. лысый (без волос, зд. на лбу)

наблюдалось: замечалось ☐ **разве что:** только может быть
шнур: тонкая верёвка ☐ **уползал:** см. ползти
надуваловка: обман, ложь ☐ **буркнуть:** забормотать
чума: зд. что-то невероятное
бурчать = буркнуть ☐ **прослушать:** пропустить не услышав
проворно: ловко, быстро ☐ **развести мехи:** зд. заиграть (мехи: *soufflet*)
хватило: т.е. удар от удивления ☐ **схватило, закружило, понесло:** т.е. он испытал сильную эмоцию ☐ **подступило:** почувствовалось ☐ **заполонить** = заполнить ☐ **ознобило:** задрожал от холода ☐ **истома:** приятное чувство

стоинством ответила ему соседка, сухонькая старушка в очках, подмотанных ниточкой.

— Я не про то. Со мной что такое? — шептал
Петр Матвеевич.

— Не мешайте слушать! — рассердилась старушка.

— Я — ничего, — смешался Петр Матвеевич.

И вдруг слезы беззвучно потекли по его щекам, и
он не стыдился слез и плакал ровно, совершенно беззвучно, прямо глядя вперед. Расплывались в глазах
10 и зал маленький, и черный музыкант, и инструмент
его волшебный. И плыла, плыла музыка.

Петр Матвеевич полез за носовым платком и внезапно наткнулся на четвертинку. И вдруг его такая
злоба взяла, что он, окончательно изумив соседку,
с места вскочил, потоптался, нелепо махнул рукой,
что-то крикнул и пулей вылетел на улицу.

А на улице была прежняя ночь, поскрипывал от
ветра фонарь, ровным светом горели жилые окна,
все вокруг дышало ночью, тишиной, спокойствием.
20 Разгоряченный Петр Матвеевич хотел было хряпнуть четвертинку об асфальт, но потом передумал,
помрачнел лицом, решительно надвинул шапку на
глаза и пошел домой, не выбирая дороги.

— Господи! Извалялся-то весь, как чушка! Все
штанины в грязи! — ахнула жена. — Да где тебя, черта, носило-то?

Петр Матвеевич раздевался молча, но с остерве-
нением.

— Выпил, что ли, с кем? — присматривалась
30 жена.

Тут Петра Матвеевича прорвало.

— Выпил! Выпил! — заорал он. — Тебе бы все

с достоинством: т.е. серьёзно, значительно □ **сухонькая:** сухая (≠ толстая) □ **подмотанные:** перевязанные □ **ниточка** = нить □ **не про то:** не об этом

смешаться: смутиться
беззвучно: тихо □ **слёзы потекли:** т.е. он заплакал
не стыдился: ему не было стыдно
расплывались: смешивались, сливались

плыла: т.е. текла
полез: сунул руку в карман
наткнуться: обнаружить, найти
злоба: раздражение, гнев □ **изумить:** удивить
с места вскочил: встал □ **потоптался:** стоял на месте
пулей: как пуля (очень быстро) □ **вылететь:** выбежать
прежняя: т.е. всегда, как раньше □ **поскрипывать:** слегка скрипеть
дышало: т.е. чувствовалось
разгорячённый: сильно возбуждённый □ **хотел было:** намеревался □ **хряпнуть:** разбить □ **передумать:** изменить решение
помрачнеть: стать мрачным □ **надвинул:** т.е. так надел, что закрыл
извалялся: выпачкал себя □ **чушка:** поросёнок
штанины: брюки □ **где тебя носило:** где ты был

остервенение: ярость

присматриваться: внимательно разглядывать

прорвало (его): он внезапно рассердился
заорать: закричать

«выпил»! Тебе бы все пить да жрать! Кусочница!
Живешь, как карась подо льдом! И меня к себе в могилу тянешь! Да ты знаешь ли, как другие люди живут? Что там у тебя седни по телевизору? Штирлиц
или Муслимка?

— «Семья Тибо», Франция, — упавшим голосом
сказала супруга. — Сейчас покушаем и будем все
смотреть.

— Дура! — крикнул Петр Матвеевич, набрав воз-
10 духу, и повторил: — Дура! Дура!

Жена охнула, а Витька бросил «Конструктор-лу-
ноход» и всхлипывал, пятясь в угол:

— Папа! Папа! Ты что? Ты зачем маму ругаешь?

— Пошел вон! — затопотал на него отец.

А сын уже плакал навзрыд. И тут Петр Матвеевич вроде бы очнулся, вроде бы возвратился в себя.
Он медленно огляделся. Дом как дом. Квартира как
квартира. Мебель как мебель. Люди как люди.

— Действительно… что-то я это… такое… — Он
20 повертел пальцем у виска. — Ты, Катя, не сердись
на меня. Накрутишься на этой работе проклятой,
надергаешься… Вот седни опять: фонды же нам выделили на листовой алюминий, а я на базу приехал
— нету, говорят. Пока вырвал… дергают весь день,
и сам дергаешься. А тут еще иду, и около музшколы,
знаешь, чуму какую придумали, цирк номер два —
электронный баян, ты это можешь себе представить?

— Ну, ты меня напугал, напугал, артист, — об-
30 легченно засмеялась жена. — Что, думаю, пьяный
он, видать, что ли? Или умом чиканулся, как Миш-
ка, у нас в цехе подсобником который работал…

жрать: есть □ **кусочница:** т.е. все думаешь об еде
карась подо льдом: т.е. в своём углу (карась: речная рыба)
□ **в могилу тянешь:** т.е. ты меня убьёшь
седни: сегодня □ **Штирлиц, Муслимка:** телефильмы

Семья Тибо: роман Мартена дю Гара □ **упавший:** слабеющий

набрав воздуху: глубоко вздохнув

охнуть: сказать "ох"
всхлипывать: судорожно плакать □ **пятиться:** идти назад

затопотал: топая ногами от гнева
навзрыд: очень громко
вроде бы: как бы □ **очнуться:** прийти в себя
оглядеться: осмотреться, смотреть вокруг □ **дом как дом** и
т.д.: т.е. ничего не изменилось

повертел пальцем: жест, показывающий, что он с ума сошёл
висок: часть лба около ушей □ **накрутишься:** с ума сойдёшь
проклятый: ненавистный □ **надёргаешься:** измучился
фонды выделили: деньги дали □ **листовой:** в листах
пока вырвал: потратил силы, чтобы получить □ **дёргают:**
мешают □ **дёргаешься:** волнуешься □ **музшкола:** музыкальная школа

облегчённо: с облегчением (ей стало легче)

видать: видно □ **умом чиканулся:** с ума сошёл
в цехе: т.е. на заводе □ **подсобник:** помощник

Петр Матвеевич тоже засмеялся. Они оба смеялись и колотили друг друга по мясистым спинам.

И лишь сынок Витяха смотрел волчонком. Слезы на щеках у него уже высохли, но губы были крепко сжаты.

КОЛОТИТЬ: бить □ : **МЯСИСТЫЙ:** толстый (с мясом)
ВОЛЧОНОК: маленький волк
ВЫСОХЛИ: стали сухими

Thème

(Le premier chiffre renvoie à la page, le suivant aux lignes.)

Il ne cesse de l'importuner en lui quémandant de l'argent. (110-18)

A son âge nous mourions de faim et les conditions de vie étaient bien plus difficiles que maintenant. (108-12)

Après une rude journée de labeur, rien de plus agréable que de se retrouver en famille. (108-18)

Il suivait sa route habituelle lorsqu'en passant près du parc il tomba nez à nez avec son voisin qui revenait du travail. (110-28) (118-13)

Cette pièce est enfumée, allons plutôt continuer la conversation dans le jardin. (110-16)

Cela fait six mois qu'il est plongé dans ce travail. (112-17)

A tout hasard je vais tout de même aller faire un saut chez lui; je réussirai peut-être à le voir. (114-11)

Je voulais lui envoyer un télégramme, mais j'ai changé d'avis et je vais lui passer un coup de fil. (118-20/21)

Il a des frissons, ce doit être la grippe. Mieux vaut appeler le médecin. (116-26)

Appenez à respecter le travail d'autrui. (112-11/12)

De loin il n'arrivait pas à bien distinguer son visage. (116-11/12)

Николай Аржак
Руки

Н.Аржак (настоящее имя и фамилия Юлий Маркович Даниэль, 1925-1989) был осужден со своим другом А.Синявским за публикацию своих сочинений на Западе. Протесты, которые вызвал этот процесс в 1966, обозначили начало диссидентского движения в Советском Союзе. После окончания срока Ю.Даниэль не мог печататься и жил переводами. Он – также автор многих стихов, которые публиковались на Западе. Во время перестройки было напечатано несколько его автобиографических сочинений.

В **Руках** (текст появился на Западе в 1962 году) молодой рабочий, большевик, сам рассказывает свою историю на том разговорном языке, которым автор владеет в совершенстве. После гражданской войны его направляют служить в ЧК, где он расстреливает "врагов революции".

Ты вот, Сергей, интеллигент, вежливый. Поэтому и молчишь, не спрашиваешь ничего. А наши ребята, заводские, так те прямо говорят: «Что, говорят,
Васька, допился до ручки?!» Это они про руки мои.
Думаешь, я не заметил, как ты мне на руки посмотрел и отвернулся? И сейчас все норовишь мимо рук
глянуть. Я, брат, все понимаю — ты это из деликатности, чтобы меня не смущать. А ты смотри, смотри, ничего. Я не обижусь. Тоже, небось, не каждый
10 день увидишь такое. Это, друг ты мой, не от пьянства. Я и пью-то редко, больше в компании или к
случаю, как вот с тобой. Нам с тобой нельзя не выпить за встречу-то. Я, брат, все помню. И как мы с
тобой в секрете стояли, и как ты с беляком по-французски разговаривал, и как Ярославль брали... Помнишь, как ты на митинге выступал, за руку взял
меня — я рядом с тобой случился — и сказал: «Вот
этими, сказал, руками...» Да-а. Ну, Серега, наливай.
А то я и впрямь расхлюпаю. Забыл я, как она назы
20 вается, трясучка эта, по-медицинскому. Ладно, у меня это записано, я тебе потом покажу. Так вот —
отчего это со мной приключилось? От происшествия. А по порядку если говорить, то расскажу тебе
так, что, когда демобилизовались мы в победившем
21-ом году, то я сразу вернулся на свой родной завод. Ну, мне там, ясное дело, почет и уважение,
как революционному герою, опять же — член партии, сознательный рабочий. Не без того, конечно,
было, чтобы не вправить мозги кому следует. Раз
30 говорчики тогда разные пошли: «Вот, дескать, довоевались, дохозяйничались. Ни хлеба, ни хрена...»
Ну, я это дело пресекал. Я всегда был твердый.

вежливый: т.е. умеешь себя держать

заводские: которые работают на заводе
допился до ручки: т.е. пьянством расстроил своё здоровье

отвернулся: повернулся в сторону ☐ **норовишь:** стараешься
мимо рук глянуть: смотреть так, чтобы не заметили
смущать: волновать
не обижусь: т.е. не мешает (см. обидеться) ☐ **небось:** вероятно

к случаю: просто так

в секрете: *en reconnaissance* ☐ **беляк:** белый (контрреволюционер) ☐ **Ярославль:** на северо-востоке от Москвы

случился: оказался
Серёга: Сергей
а то: иначе ☐ **впрямь расхлюпаю:** расхлябаюсь, расстроюсь
трясучка: см. тряска (когда трясёшься, дрожишь)

приключилось: произошло ☐ **происшествие:** событие

демобилизоваться: см. демобилизация
в 21-м году: т.е. после гражданской войны и победы над
белыми ☐ **почёт:** всеобщее признание (см. доска почёта)

сознательный: с чувством долга ☐ **не без того, чтобы не:** без этого я был способен ☐ **вправить мозги:** заставить поступать разум-
но ☐ **дескать:** говорили ☐ **довоевались:** т.е. войной добились своего ☐ **дохозяйничались:** стали хозяевами ☐ **ни хлеба, ни хрена:**
ничего нет (ничего не изменилось) ☐ **пресекать:** останавливать

Меня на этой ихней меньшевистской мякине не проведешь. Да. Ты наливай, меня не дожидайся. Только проработал это я с год, не больше, — хлоп, вызывают меня в райком. «Вот, говорят, тебе, Малинин, путевка. Партия, говорят, мобилизует тебя, Малинин Василий Семенович, в ряды доблестной Чрезвычайной Комиссии, для борьбы с контрреволюцией. Желаем, говорят, тебе успехов в борьбе с мировой буржуазией и кланяйся низко товарищу Дзер-
10 жинскому, если увидишь». Ну, я — что ж? Я человек партийный. «Есть, говорю, приказ партии исполню». Взял путевку, забежал на завод, попрощался там с ребятами и пошел. Иду, а сам в мечтах воображаю, как я всех этих контриков беспощадно вылавливать буду, чтобы они молодую нашу Советскую власть не поганили. Ну, пришел я. Действительно, Дзержинского Феликса Эдмундовича видел, передал ему от райкомовцев, чего говорили. Он мне руку пожал, поблагодарил, а потом всем нам —
20 нас там человек тридцать было, по партийной мобилизации, — выстроил нас всех и сказал, что, мол, на болоте дом не построишь, надо, мол, болото сперва осушить, а что, мол, при этом всяких там жаб да гадюк уничтожить придется, так на то, говорит, есть железная необходимость. И к этому, говорит, всем нам надо руки приложить... Значит, он сказал вроде басни или анекдота какого, а всё, конечно, понятно. Строгий сам, не улыбнется. А после нас распределять стали. Кто, что, откуда — рас-
30 спросили. «Образование, говорят, какое?» У меня образование, сам знаешь, германская да гражданская, за станком маялся — вот и все мое образова-

ихияя: их □ **меньшевистская мякина:** пропаганда меньшевиков □ **не проведёшь:** не обманешь

с год: почти год □ **хлои:** *vlan*

райком: районный комитет

путёвка: официальный документ

доблестная: см. доблесть, мужество □ **ЧК,** была организована Дзержинским в 1918

кланяйся низко: передай привет

есть: зд. да, ладно

попрощаться: расстаться (см. прощай: до свидания)

в мечтах воображаю: т.е. представляю себе, что

контрик: контрреволюционер □ **беспощадно:** жестоко

вылавливать буду: т.е. всех арестую

поганить: унизить, опозорить

райкомовец: член райкома □ **чего:** что

выстроить: поставить в строй (в ряды) □ **мол:** дескать

болото: нетвёрдое, топкое место с водой

осушить: сделать сухим

жаба: *crapaud* □ **гадюка:** *vipère* □ **уничтожить:** убить

необходимость: см. необходимо, обязательно

руки приложить: взяться за дело

вроде: что-то похоже на □ **басня:** рассказ, история

не улыбнётся: т.е. никогда не улыбался

распределять: разделять □ **расспросить:** спросить, с целью узнать □ **образование:** т.е. где учился □ **германская да гражданская:** т.е. был на войне против немцев, потом против белых □ **за станком маялся:** т.е. мучился на работе

ние. Два класса церковно-приходской кончил... Ну,
и назначили меня в команду особой службы, а просто сказать — приводить приговоры в исполнение.
Работка не так чтобы трудная, а и легкой не назовешь. На сердце влияет. Одно дело, сам помнишь, на фронте: либо ты его, либо он тебя. А
здесь... Ну, конечно, привык. Шагаешь за ним по
двору, а сам думаешь, говоришь себе: «Надо, Василий, Н-А-Д-О. Не кончишь его сейчас, он, гад, всю

10 Советскую Республику порушит». Привык. Выпивал, конечно, не без того. Спирт нам давали. Насчет пайков каких-то там особенных, что, дескать,
чекистов шоколадом и белыми булками кормят —
это все буржуйские выдумки: паек, как паек, обыкновенный, солдатский — хлеб, пшено и вобла. А
спирт, действительно, давали. Нельзя, сам понимаешь. Ну, вот. Проработал я таким манером месяцев
семь, и тут-то и случилось происшествие. Приказано нам было вывести в расход партию попов.

20 За контрреволюционную агитацию. За злостность.
Они там прихожан мутили. Из-за Тихона, что ли.
Или вообще против социализма — не знаю. Одним
словом — враги. Их там двенадцать человек было.
Начальник наш распорядился: «Ты, говорит, Малинин, возьмешь троих, ты, Власенко, ты, Головчинер, и ты... » Забыл я, как четвертого-то звали.
Латыш он был, фамилие такое чудное, не наше.
Он и Головчинер первыми пошли. А у нас так было
устроено: караульное помещение — оно как раз по-

30 середке было. С одной стороны, значит, комната,
где приговоренных держали, а с другой — выход во
двор. Брали мы их по одному. С одним во дворе

церковно-приходской (школы): т.е. которая зависит от прихода, от церкви □ **особая:** специальная (т.е. ЧК)

приговор: решение трибунала

не так чтобы: нельзя сказать, чтобы работа...

влиять: иметь влияние

либо: или (ты его убьёшь)

шагать: идти

гад: мерзавец, отвратительный человек

порушит: разрушит

не без того: независимо от этого □ **насчёт:** что касается

паёк: продукты, выдаваемые по норме □ **дескать:** говорят

булки: т.е. хлеб

буржуйские выдумки: буржуи это придумали

пшено: *millet* □ **вобла:** каспийская рыба (*sorte de gardon*)

спирт: алкоголь

тут-то: тогда □ **происшествие:** событие

вывести в расход: ликвидировать

злостность: контрреволюционные намерения

прихожанин: член прихода □ **мутили:** агитировали

Тихон: глава православной церкви с 1917 по 1925

распорядиться: решить

латыш: из Латвии □ **фамилие:** т.е. фамилия □ **чудное:** странное

устроено: организовано □ **караульное помещение:** комната для караула □ **посередке:** в середине

приговорённые: осуждённые трибуналом

по одному: т.е. одного за другим

закончишь, оттащишь его с ребятами в сторону и
вернешься за другим. Оттаскивать необходимо было, а то, бывало, как выйдешь за другим, а он как
увидит покойника и начнет биться да рваться —
хлопот не оберешься, да и понятно. Лучше, когда
молчат. Ну, вот, значит, Головчинер и латыш этот
кончили своих, настала моя очередь. А я уж до этого спирту выпил. Не то, чтобы боязно мне было
или там приверженный я к религии был. Нет, я че-
10 ловек партийный, твердый, я в эту дурь — богов
там разных, ангелов, архангелов — не верю — а все
ж таки стало мне как-то не по себе. Головчинеру
легко, он — еврей, у них, говорят, и икон-то нету,
не знаю, правда ли, а я сижу, пью, и все в голову
ерунда всякая лезет: как мать-покойница в деревне
в церковь водила и как я попу нашему, отцу Васи-
лию, руку целовал, а он — старик он был — тезкой
все меня называл... Да-а. Ну, пошел я, значит, за
первым, вывел его. Вернулся покурил малость, вы-
20 вел второго. Обратно вернулся, выпил — и что-то
замутило меня. «Подождите, говорю, ребята. Я
сейчас вернусь». Положил маузер на стол, а сам
вышел. Перепил, думаю. Сейчас суну пальцы в рот,
облегчусь, умоюсь, и все в порядок прийдет. Ну,
сходил, сделал все, что надо — нет, не легчает. Ладно, думаю, черт с ним, закончу сейчас все и — спать.
Взял я маузер, пошел за третьим. Третий был молодой еще, видный из себя, здоровенный такой попище, красивый. Веду это я его по коридору, смот-
30 рю, как он рясу свою долгополую над порогом поднимает, и тошно мне как-то сделалось, сам не пой-
му — что такое. Вышли во двор. А он бороду квер-

оттащишь: т.е. не оставишь на месте

бывало: часто случалось
покойник: зд. убитый товарищ □ **рваться:** делать резкие движения □ **хлопот не оберёшься:** проблем много

своих: т.е. приговорённых □ **настать:** наступить
боязно: страшно
приверженный: привязанный (т.е. религиозный)
дурь: глупость

как-то не по себе: плохо себя чувствовал

ерунда лезет: приходят в голову пустые мысли

тёзка: тот, кто имеет одинаковое имя

вывел: привёл во двор □ **малость:** немного

замутило меня: в голове всё стало неясным
маузер: револьвер
перепил: слишком много пил □ **суну:** вложу
облегчиться: т.е. освободиться (чтобы стало легче)
не легчает: не легче
чёрт с ним: чёрт его возьми (т.е. всё это мне надоело)

видный: рослый, статный □ **здоровенный:** крепкий
попище: большой поп
ряса: длинная одежда священника □ **долгополая:** длинная
тошно: см. тошнота: чувство отвращения

ху задирает, в небо глядит. «Шагай, говорю, батюшка, не оглядывайся. Сам себе, говорю, рай намолил». Это я, значит, пошутил для бодрости. А зачем — не знаю. Сроду со мной этого не бывало —
с приговоренными разговаривать. Ну, пропустил я
его на три шага вперед, как положено, поставил
ему маузер промеж лопаток и выстрелил. Маузер —
он, сам знаешь, как бьет — пушка! И отдача такая,
что чуть руку из плеча не выдергивает. Только смо-
10 трю я — а мой расстрелянный поп поворачивается
и идет на меня. Конечно, раз на раз не приходится:
иные сразу плашмя падают, иные на месте волчком
крутятся, а бывает и шагать начинают, качаются,
как пьяные. А этот идет на меня мелкими шагами,
как плывет в рясе своей, будто я и не в него стрелял.
«Что ты, говорю, отец, стой!» И еще раз прило-
жил ему — в грудь. А он рясу на груди распахнул-
разорвал, грудь волосатая, курчавая, идет и кричит полным голосом: «Стреляй, кричит, в меня, ан-
20 тихрист! Убивай меня, Христа твоего!» Растерялся
я тут, еще раз выстрелил и еще. А он идет! Ни раны,
ни крови, идет и молится: «Господи, остановил Ты
пулю от черных рук! За Тебя муку принимаю!.. Не
убить душу живую!» И еще что-то... Не помню уж,
как я обойму расстрелял; только точно знаю — промахнуться не мог, в упор бил. Стоит он передо
мной, глаза горят, как у волка,грудь голая, и от головы вроде сияние идет — я уж потом сообразил,
что он мне солнце застил, к закату дело шло. «Руки,
30 кричит, твои в крови! Взгляни на руки свои!» Бросил
я тут маузер на землю, вбежал в караулку, сшиб
кого-то в дверях, вбежал, а ребята смотрят на меня,

задирает: поднимает ☐ **шагай:** иди ☐ **батюшка:** так обраща-
ются к священнику ☐ **оглядываться:** смотреть назад ☐ **рай
намолил:** молитвами рая добился ☐ **для бодрости:** чтобы
поддержать ☐ **сроду:** ни разу

как положено: как обычно делается
промеж лопаток: т.е. в спину (промеж = между)
отдача: движение от выстрела
чуть не выдёргивает: почти вырывает
расстрелянный: см. расстрел
раз на раз не приходится: не всегда бывает одно и то же
иные: некоторые ☐ **плашмя:** лицом вниз ☐ **волчок:** *toupie*
крутиться = вертеться

плывёт: зд. плавно двигается
приложить: положить очень близко
распахнуть: раскрыть ☐ **разорвать:** разделить на части
волосатая: покрыта волосами ☐ **курчавая:** кудрявая, вьющаяся

растерялся: не знал, как поступить
ни раны, ни крови: т.е. цел и невредим
молится: обращается к Богу ☐ **остановил пулю:** т.е. спас меня
чёрные: нечистые ☐ **мука:** страдание

обойму расстрелял: стреляя, израсходовал все пули
промахнуться: не попасть в цель ☐ **в упор:** совсем близко

сияние: яркий свет ☐ **сообразить:** понять
застил: т.е. закрывал, делал невидимым ☐ **закат:** когда солнце
заходит
караулка: караульное помещение ☐ **сшиб:** столкнул

как на психа, и ржут. Схватил я винтовку из пира-
миды и кричу: «Ведите, кричу, меня сию минуту к
Дзержинскому или я вас всех сейчас переколю!» Ну,
отняли у меня винтовку, повели скорым шагом. Вошел я в кабинет, вырвался от товарищей и говорю
ему, а сам весь дрожу, заикаюсь: «Расстреляй, говорю, меня, Феликс Эдмундович, не могу я попа
убить!» Сказал я это, а сам упал, не помню больше
ничего. Очнулся в больнице. Врачи говорят: «Нерв-
10 ное потрясение». Лечили меня, правду сказать, хорошо, заботливо. И уход, и чистота, и питание по
тем временам легкое. Все вылечили, а вот руки,
сам видишь, ходуном ходят. Должно быть, потрясение это в них перешло. Из ЧК меня, конечно, уво-
лили. Там руки не такие нужны. К станку, ясное дело, тоже не вернешься. Определили меня на склад
заводской. Ну, что ж, я и там дело делаю. Правда,
бумаги всякие, накладные сам не пишу — из-за рук.
Помощница у меня для этого есть, смышленная та-
20 кая девчоночка. Вот так и живу, браток. А с попом
тем я уж потом узнал, как дело было. И никакой
тут божественности нету. Просто ребята наши, когда я оправляться ходил, обойму из маузера вынули
и другую всунули — с холостыми. Пошутили, значит. Что ж, я на них не сержусь — дело молодое,
им тоже не сладко было, вот они и придумали. Нет,
я на них не обижаюсь. Руки только вот у меня...
совсем теперь к работе не годятся...

псих: сумасшедший ☐ **ржать:** громко смеяться ☐ **винтовка:** ружьё ☐ **пирамида:** *ratelier*

переколю: всех перебью

отнять: взять ☐ **скорым шагом:** быстро

вырваться: освободиться (резким движением)

заикаюсь: с трудом говорю

очнуться: прийти в себя ☐ **нервное потрясение:** шок

лечить: врач лечит больного (см. лекарство)

заботливо: внимательно ☐ **уход:** см. ухаживать за кем-нибудь

ходуном ходят: трясутся, дрожат

уволить: освободить от службы

к станку: т.е. на завод

определили: дали место ☐ **склад:** помещение для хранения товаров ☐ **заводской:** т.е. на заводе

всякие: разные ☐ **накладные:** фактуры

смышлёная: умная, понятливая

божественность: т.е. странные вещи, чудеса

оправляться: идти в туалет ☐ **обойма:** *chargeur*

всунуть: вложить ☐ **холостые:** т.е. ненастоящие пули

не сладко: тяжело

не годятся: не подходят, не умеют (работать)

Thème

(Le premier chiffre renvoie à la page, le suivant aux lignes.)

Tout cela a eu lieu à cause d'un événement dont je te reparlerai plus tard. (126-22)

Il a travaillé environ deux ans dans un kolkhoze du sud de la Russie. (130-17)

Tous les témoins ont été interrogés sans résultat. (128-29)

Il arrivait qu'une fois dehors le condamné apercevant le corps de son camarade se mette à hurler et à se débattre. (132-3/4)

Je n'arrive pas à comprendre, mais j'ai été comme pris de nausée. (132-31)

On l'a très bien soigné dans cet hôpital. (136-11)

La Tchéka a lutté sans merci contre les ennemis de la révolution et anéanti physiquement plusieurs milliers de personnes. (128-14, 24)

Nous les menions dehors un par un. (130-32)

Il a été licencié au bout d'un an à cause de sa mauvaise santé. (136-15)

Je ne leur en veux pas, pour eux aussi la vie n'était pas facile. (136-27/28)

Tout le monde va devoir mettre la main à la pâte. (128-26)

Евгений Замятин
Мученики науки

Е.Замятин (1884-1937) вошел в историю литературы как автор первой антиутопии **Мы** (1920), проницательной и злой сатиры на коммунистический идеал и на рождающуюся советскую систему. Но он был и знатоком старой провинциальной России с ее замедленным бытом, с ее скрытыми страстями. Его язык — то, что назвали "орнаментальной прозой", — является очень искусной стилизацией под сказку, под древнерусский язык, под разговорную речь. Он стал одним из учителей молодых писателей двадцатых годов.

Его сатирический талант можно оценить в рассказе **Мученики науки**, где описывается трагикомическая судьба госпожи Столпаковой на фоне социальных перемен, к которым привела революция.

1

Начиная с Галилея, все они перечислены в известной книге Г.Тиссандье (из. Павленкова, СПб., 1901 г.). Но для наших дней книга эта, несомненно, уже устарела: там, например, нет ни слова о знаменитой француженке г-же Кюри, нет ни слова о нашей соотечественнице г-же Столпаковой. Памяти этой последней мы и посвящаем наш скромный
10 труд.

Своим подвигом г-жа Столпакова, конечно, искупила все свои ошибки, но тем не менее мы не считаем себя вправе скрыть их от широких читательских масс.

Первой ошибкой Варвары Сергеевны Столпаковой было то, что родителей себе она выбрала крайне непредусмотрительно: у отца ее был известный всему уезду свеклосахарный завод. Даже и это, в сущности, было не так еще непоправимо: Варваре
20 Сергеевне стоило только отдать свое сердце любому из честных тружеников завода — и ее биография очистилась бы, как углем очищается сахар-рафинад. Вместо этого она совершила вторую ошибку: она вышла замуж за Столпакова, увлеченная его гвардейскими рейтузами и исключительным талантом — пускать кольца из табачного дыма.

Атлетическое, монументальное сложение Варвары Сергеевны было причиной того, что третья ее ошибка произошла почти для нее незаметно, когда
30 она в столпаковском лесу нагнулась сорвать гриб. Нагнувшись, она ахнула, а через четверть часа в корзинке для грибов лежала эта ее ошибка — по

перечислены: названы, упомянуты

из: т.е. издательство (см. издать = опубликовать)

устарела: т.е. книга старая

Кюри (жена Пьера Кюри) получила Нобелевскую премию в 1903 и 1911 □ **соотечественница:** см. отечество = родина

посвящаем: т.е. книгу пишем в честь □ **скромный:** небольшой

подвиг: героический поступок □ **искупить:** заслужить прощение за □ **тем не менее:** всё-таки

считать себя вправе: иметь право

крайне: очень

непредусмотрительно: неосторожно

уезд: *district* □ **свёклосахарный:** см. сахарная свёкла

в сущности: в действительности □ **непоправимо:** которое нельзя поправить □ **стоило:** нужно было

труженик: рабочий □ **очиститься:** стать чище

углем: см. уголь □ **сахар-рафинад:** т.е. сахар в кусках

увлечённая: т.е. в восторге от

рейтузы: узкие брюки □ **исключительный:** необыкновенный □ **кольцо:** круг, кружок (при курении кольца пускают)

сложение: т.е. тело

незаметно: не видно

нагнуться: наклониться (чтобы собирать грибы)

ахнуть: сказать "ах!" (от удивления)

ла мужского, в метрике записан под именем Ростислава.

Из других письменных материалов для истории сохранился также еще один документ, составленный в день отбытия Столпакова-отца на германский фронт. В этот день кучер Яков Бордюг привел из монастыря всем известную монашку Анну, и полковник Столпаков продиктовал ей:

— Пиши расписку: «Я, нижеподписавшаяся, монашка Анна, получила от г-жи Столпаковой 10 (десять) рублей, за что обязуюсь класть ежедневно по три поклона за мужа ее, с ручательством, что таковой с войны вернется без каких-либо членовреждений и с производством в чин генерала».

Этот трудовой договор монашка Анна выполнила только наполовину: в генералы Столпакова действительно произвели, но через неделю после производства немецкий снаряд снес у Столпакова голову, вследствие чего Столпаков не мог уже пускать табачных колец, а стало быть и жить.

Газету с известием о безголовьи Столпакова с завода привез все тот же кучер Яков Бордюг. Если вы вообразите, что у нас на Невском землетрясение, Александр III уже закачался на своем коне, но все-таки еще держится и геликонным голосом кричит вниз зевакам: «Чего не видали, дураки?» — вам будет приблизительно ясно, что произошло в столовой, когда Варвара Сергеевна прочитала газету. Все качалось, но она изо всех сил натянула поводья и крикнула Якову:

— Ну, чего не видал, дурак? Иди вон!

Яков вышел, и только тогда в тело Александра III

пола мужского: т.е. мальчик ☐ **метрика:** документ о дате рождения

сохранился: т.е. имеем ☐ **составленный:** написанный

отбытие: см. отбыть = уехать

кучер: тот, кто правит лошадьми в экипаже

монашка: монахиня (см. монах) ☐ **полковник:** офицерский чин ниже генеральского

расписка: зд.бумага ☐ **нижеподписавшаяся:** *soussignée*

обязуюсь: считаю своим долгом ☐ **класть поклоны:** т.е. молиться Богу ☐ **с ручательством:** с гарантией

таковой: т.е. муж ☐ **членовреждение:** рана

с производством в чин: со званием

договор: соглашение

в генералы (произвести): получить чин генерала

снаряд: *obus* ☐ **снёс:** срубил

вследствие чего: из-за чего

стало быть: следовательно

известие: информация ☐ **о безголовье:** о том, что он без головы

вообразить: представить себе ☐ **Невский:** главная улица в Петербурге ☐ **землетрясение:**сейсмическая катастрофа

Александр III: царь с 1881 по 1894 ☐ **закачаться:** начать двигаться ☐ **конь** = лошадь ☐ **геликонным голосом:** очень громко ☐ **зевака:** бездельник ☐ **чего не видали:** на что смотрите

натянуть поводья: т.е. сдержаться, не паниковать

вернулась нежная женская душа, Александр III стал монументальной свеклосахарной Мадонной, на коленях у нее сидел сын и Мадонна, рыдая, говорила нежнейшим басом:

— Ростислав, столпачонок мой, единственный...

С тех пор — был только он, единственный, и его собственность. Согласно учению Макса Штирнера и Варвары Столпаковой — его собственностью был весь мир: за него люди где-то там сражались, на 10 него работал столпаковский завод, ради него была монументально построена грудь Варвары Сергеевны — этот мощный волнолом, выдвинутый вперед в бушующее житейское море, для защиты Ростислава.

Единственному было десять лет, когда в столпаковской столовой вновь случилось землетрясение. Эпицентром, как и в первый раз, оказался кучер Яков Бордюг. Громыхая стихийными, танкоподобными сапогами, он подошел к столу, положил пе-20 ред Варварой Сергеевной газету.

Совершенно неожиданно из газеты обнаружилось, что одновременно произошли великие события в истории дома Романовых, дома Столпаковых и дома Бордюгов: дом Романовых рухнул, госпожа Столпакова стала гражданкой Столпаковой, а Яков Бордюг — заговорил. Никто до тех пор не слыхал, чтобы он говорил с кем-нибудь, кроме своих лошадей, но когда Варвара Сергеевна прочла вслух потрясающие заголовки и остановилась — Яков Бор-30 дюг произнес вдруг речь:

— Ето выходить... Ето, стало быть, я теперь вроде... ето самое? Вот так здра-в-а вствуй!

рыдать: громко плакать

нежнейший: очень ласковый

столпачонок: т.е. маленький Столпаков □ **единственный:** т.е. ты у меня один, дорогой

собственность: то, что вам принадлежит □ **Штирнер:** немецкий философ *(Stirner 1806-1856 auteur de L'Unique et sa propriété, 1845)* □ **сражаться:** биться, вести войну

ради: для

мощный: массивный □ **волнолом** = волнорез (режет волны)

бушующее: бурное □ **житейское море:** море ежедневных забот

вновь: опять

громыхать: производить громкие звуки □ **стихийный:** дикий

танкоподобный: похожий на танк

обнаружилось: узнали

одновременно: в одно и то же время

рухнуть: упасть, провалиться

гражданка (гражданин): новая форма обращения после революции □ **заговорить:** начать говорить

прочла: прочитала □ **потрясающий:** необычный

заголовок: заглавие (в газете)

речь: т.е. слова

ето выходить: т.е. значит (на плохом русском языке кучера)

вроде: как

Возможно, что это была — в очень сжатой форме — декларация прав человека и гражданина. Как мог ответить на декларацию Александр III? Конечно, только так:

— Молчи, дурак, тебя не спрашивают! Иди, запрягай лошадей — живо!

Человек и гражданин Яков Бордюг почесался — и пошел запрягать лошадей, как будто все было по-старому. Мы склонны объяснить его поступок действием многолетнего, привычного условного рефлекса. Когда Яков доставил в город Варвару Сергеевну, ее единственного и два чемодана, он в силу того же рефлекса распряг лошадей, засыпал им овса — и вообще остался при лошадях.

В эту ночь свеклосахарные мужики сожгли столпаковский дом и завод. У Варвары Сергеевны сохранилось лишь то, что она привезла с собой в чемоданах, и то, что лежало у нее в сейфе. Тогда для хранения ценностей еще не были изобретены сейфы антисейсмической конструкции, как-то: самоварные трубы, ночные туфли, выдолбленные внутри поленья. Поэтому все содержимое сейфа Варвары Сергеевны в октябре было поглощено стихией. Ей пришлось отступить на заранее заготовленные позиции — в мезонине у часовщика Давида Морщинкера. Лошадей и экипаж она приказала продать в спешном порядке.

Яков Бордюг выполнил эту операцию в первый же базарный день — в воскресенье. Вечером он, как каменный гость, прогромыхал по лестнице на мезонин, — выложил перед Варварой Сергеевной керенки, николаевки, думки — и сказал:

сжатая: краткая

запрягай: т.е. приготовь экипаж к отъезду ☐ **живо:** скорей
почесался: т.е. остался в недоумении
по-старому: как раньше
склонный: расположенный ☐ **поступок:** зд. жест
условный: т.е. под влиянием данных условий
доставил: привёз
единственного: т.е. сына ☐ **в силу:** из-за
распрячь/распрягать # запрягать ☐ **засылал:** дал
овёс: корм лошадям ☐ **при лошадях:** т.е. всё ухаживал за
ними ☐ **сожгли:** см. сжечь, уничтожить огнём

сохранилось: осталось
сейф: *coffre-fort*
ценности: драгоценные вещи ☐ **изобретены:** созданы
как-то: например
выдолбленные: т.е. с углублением ☐ **полено:** *bûche* (*plur.*
поленья) ☐ **содержимое:** то, что находится внутри
поглощено: т.е. исчезло ☐ **стихия:** зд. революция
отступить: отойти ☐ **заготовить:** приготовить заранее
мезонин: *mezzanine* ☐ **часовщик:** тот, кто чинит часы
в спешном порядке: очень быстро

базарный: см. базар = рынок
погромыхал: т.е. поднялся с грохотом
выложить: вынув положить ☐ **керенки, николаевки, думки:**
деньги времен Керенского, Николая Второго, Думы

— Ну... благодарим, прощайте.

В ответ — разгневанный императорский бас:

— Что-о-о? Иди, дурак, лучше в кухню — самовар пора ставить.

Бордюговские сапоги шаркнули вперед, назад, остановились: их душевное состояние несколько секунд было неустойчивым. Но условный рефлекс еще раз одолел: Яков Бордюг пошел ставить самовар.

И дровами, самоварами, печами — он занимался
10 в течение трех следующих глав.

2

В законе наследственности есть некая обратная пропорциональность: у гениальных родителей дети — человеческая вобла, и наоборот. Если у генерала Столпакова были только табачные кольца и ничего больше, то естественно, что у Ростислава оказался настоящий талант. Это был талант к изливающим-
20 ся в трубы бассейнам, к поездам, вышедшим навстречу друг другу со станций А и Б., и к прочим математическим катастрофам.

Общественное признание этот талант впервые получил в те дни, когда судьба, демонстрируя тщету капитализма, всех сделала одновременно миллионерами и нищими. В эти дни Варвара Сергеевна продала Давиду Морщинкеру три золотых десятки, и надо было это перевести на дензнаки. Бедная морщинкерова голова, размахивая оттопыренными
30 крыльями-ушами, неслась через астрономические пространства нулей, пока окончательно не закружилась.

разгневанный: сердитый (см. гнев)

шаркнуть/шаркать: при ходьбе производить шорох
душевное состояние: т.е. их чувства
неустойчивый: нетвёрдый
одолеть: победить
дрова: расколотое дерево как топливо

наследственность: *hérédité*

вобла: зд. дурак

оказался: был
изливающиеся: т.е. которые выливаются из... в...
вышедшие: которые вышли
прочий: другой

признание: оценка (см. признать)
тщета: бесполезность
одновременно: в одно и то же время
нищий: крайне бедный
десятка: десять рублей
дензнаки: денежные знаки, т.е. билеты
размахивать: махать в разные стороны □ **оттопыренные:**
décollées □ **крылья** (см. крыло): крыльями летают птицы
нестись: зд. лететь □ **пространство:** *espace* □ **нуль** = 0
пока: до тех пор, пока □ **закружиться:** начать кружиться

— Дайте-ка мне, — сказал Ростислав.

Он нагнул над бумажкой криво заросший черным волосом лоб. Минута — и все было готово: бесконечность была побеждена человеческим разумом. Морщинке, воскликнул:

— Так вы ж госпожа Столпакова, имеете в этой голове какой-нибудь клад! Это же недалекий будущий профессор!

Слово это, наконец, было сказано: профессор. Рукою бедного часовщика был зажжен маяк, осветивший весь дальнейший путь Варвары Сергеевны. Она теперь знала имя бога, какому она принесет себя в жертву.

Упоминание о боге, хотя бы и не с прописной буквы, — в сущности, неуместно: сама жизнь в те годы вела к твердому научно-материалистическому мировоззрению. И Варвара Сергеевна усвоила, что талант составляется из ста двадцати частей белка и четырехсот частей углеводов, она поняла, что пока, до времени, до подвигов более героических, она может служить науке, только снабжая будущего профессора хлебом, жирами и сахаром.

Сахару не было. В бессахарном мезонине Яков Бордюг растапливал печку. У Варвары Сергеевны в груди материнское сердце скреблось, как крот, слепо отыскивая путь к сахару. На Якове Бордюге была надета стеганая солдатская безрукавка.

— Поди сюда! — вдруг скомандовала Бордюгу Варвара Сергеевна. — Стой... Снимай! — она ткнула пальцем в безрукавку. — Так. Можешь идти.

Яков Бордюг ушел. Безрукавка осталась у Варва-

криво: не прямо □ **заросший:** покрытый
бесконечность побеждена: т.е. задача решена
разум: интеллект
воскликнуть: сказать громко

клад: нечто ценное □ **недалёкий:** т.е. он скоро будет

зажжён: см. зажечь □ **маяк:** башня на море, указывающая путь судам □ **осветивший:** который дал свет □ **дальнейший:** будущий □ **какому принесёт себя в жертву:** во имя которого откажется от всего
упоминание: т.е. говорить □ **хотя бы и не с:** даже без
прописной: большой □ **неуместно:** некстати

мировоззрение: зд. идеология □ **усвоить:** понять
составляется: состоит □ **белок:** *albumine*
углевод: *hydrate de carbone*
до времени, в ожидании □ **подвиг:** поступок героя
снабжая: обеспечивая, давая
жирами : т.е. мясом, рыбой

растапливать: разводить огонь (в печи)
скреблось: беспокоилось □ **крот:** *taupe*
отыскивать: искать (чтобы найти)
стёганая: *piquée* □ **безрукавка:** куртка без рукавов

ткнуть: указать

ры Сергеевны. Зачем все это было — пока никому
непонятно.

Через неделю Варвара Сергеевна сидела в вагоне.
Заря — упитанная, розовая, буржуазная, еще во времена Гомера занимавшаяся маникюром — с любопытством смотрела в окно. Возле окна, на мешках
три гражданки спали кооперативно, кустом: приткнувшись одна к другой лбами. Над ними, качаясь, свешивалась рука с багажной полки, торчали
10 чьи-то забытые руки из-под скамьи. Все руки —
красные от зари и от холода, но Варваре Сергеевне тепло: на ней та самая безрукавка Бордюга,
густо простеганная... чем бы вы думали? Гагачь-
им пухом? Ватой? Нет, сахарный песком. Кроме того, ее материнское сердце согрето и еще кое-чем,
о чем мы пока говорить не вправе. Какой-нибудь
час — и она дома, сама обо всем расскажет Рос-
тиславу. Только бы благополучно проехать последнюю станцию...

20 Варвара Сергеевна осторожно запахнула на груди безрукавку — так осторожно, как будто вот сейчас ее бюст вспорхнет и улетит. На скамейке напротив старичок неизвестного пола (бабья куцавейка и борода) понимающе взглянул на бюст, осе-
нил себя крестным знамением и сказал:

— Пронеси, Господи! Подъезжаем...

Погрозив хоботом, мелькнула в окна водокачка.
Кооперативные гражданки вскочили. Кто-то сзади
Варвары Сергеевны открыл окно и испуганно ахнул:
30 «Идут!» Под окном на станции запел петух — видимо
молодой: он знал только полпетушиной строфы.
Но и этой половины было довольно, чтобы Варва-

заря: начало утра ☐ **упитанная:** здоровая, полная
Гомер: *Homère* ☐ **занимавшаяся маникюром:** т.е. красивая,
чистая ☐ **с любопытством:** т.е. с интересом ☐ **возле:** около ☐
на мешках: т.е. на своих вещах ☐ **кустом:** вместе
приткнувшись, прижавшись
свешивалась: висела ☐ **торчали:** показывались
чьи-то руки: руки каких-то пассажиров

простёганная: *doublée* ☐ **гагачий пух:** *duvet (de canard)*
сахарный песок: сахар в кристалликах
согрето: т.е. сердцу тепло от ☐ **кое-чем:** некоторыми вещами
не вправе: не имеем права

только бы: если б можно было ☐ **благополучно:** удачно

запахнуть ≠ распахнуть

бюст: груди ☐ **вспорхнуть:** подняться в небо
бабья: женская ☐ **куцавейка:** *caraco*
понимающе: с видом человека, который знает
осенить себя крестным знамением: перекреститься
пронеси: т.е. пусть пройдёт опасность ☐ **подъезжаем:** вот и
станция ☐ **хобот:** нос у слона (зд. труба) ☐ **мелькнула:**
появилась ☐ **водокачка:** *réservoir* ☐ **вскочить:** внезапно
встать ☐ **сзади** ≠ впереди ☐ **испуганно:** со страхом ☐ **ахнул:**
закричал ☐ **запеть:** начать петь ☐ **петух:** самец курицы
полпетушиной строфы: т.е. петух только наполовину пел
свою песню

ра Сергеевна похолодела. Она торопливо скомандовала:

— Закройте окно!

Никто не шевельнулся, все примерзли к своим кор-
зинам, мешкам, чемоданам, портпледам, баулам: в
вагон уже входили они, заградиловцы. Впереди шел
веселый, тугощекий парень морковного цвета, сзади
— три бабовидных солдата с винтовками на вере-
вочках.

10   — Ну-ну, граждане, веселей — расстегивайся,
распоясывайся! — крикнул морковный парень.

За окном молодой петушок опять начал — и опять
сорвался на половине строфы, как начинающий поэт. Если б только можно было встать и закрыть
окно...

Но уже рядом стоял морковный парень и прищурясь глядел на одну из кооперативных гражданок.

— Ты что, тетка, из Киева, что ли — из киевских
пещер?

20   — Нет, что ты, батюшка, я из Ельца.

— А почему же у тебя глава мироточивая?

Чудо совершалось на глазах у всех: ситцевый платок у гражданки был сзади чем-то пропитан, что-
то стекало у нее по шее...

— Ну-ка, снимай, снимай платок! Ну-ка?

Гражданка сняла: там, где у древних женщин полагалось быть прическе — у гражданки была при-
ческа из сливочного масла в вощеной обертке...

— А у вас? — морковный парень повернулся к
30 Варваре Сергеевне.

Она сидела монументально, выставив, как воло-
лом, могучую грудь, как будто еще более могучую,

похолодела: т.е. пришла в ужас

шевельнуться: двинуться □ **примёрзли:** остались неподвижными □ **портплед:** *fourre-tout* □ **баул:** сундучок

заградиловцы: специальный отряд, борющийся с чёрным рынком □ **тугощёкий:** с полными щеками □ **морковный:** т.е. красный (как морковь) □ **бабовидный:** похожий на бабу

винтовка: ружьё □ **верёвочка:** верёвка (ею перевязывают пакеты) □ **веселей:** живей □ **расстёгиваться:** расскрывать (одежду) □ **распоясываться:** развязывать пояс

сорваться: зд. остановиться

прищурясь: прикрыв глаза

что ли: не правда ли

пещера: *grotte* (знаменитый киевский монастырь)

Елец: город на юге от Москвы

глава: голова □ **мироточивая:** т.е. как у святой (lit. : qui répand une odeur de myrrhe)

ситцевый: из ситца (ситец: *indienne*)

пропитан: т.е. весь мокрый

стекать: течь вниз по

древний: очень старый □ **полагалось:** должно было

причёска: т.е. волосы

сливочное масло: коровье масло □ **в вощёной обёртке:** т.е. завёрнутое в специальную бумагу

могучая: крупная, сильная

чем всегда. Она молча, императорским жестом, показала на раскрытую ковровую сумку: там были только законные вещества.

— Это все? — парень остановился и острым мышиным глазом стал вгрызаться в Варвару Сергеевну.

Она приняла вызов. Она шла в бой, в конце концов, ради чистой науки. Она подняла голову, посмотрела на врага и впустила его в себя, внутрь — как
10 будто внутри ее не было ни сахару, ни...

— Ку-кка-рекк... — опять запнулся начинающий петушиный поэт за окном.

— Да закройте же... — начала Варвара Сергеевна и не успела кончить, как в вагоне произошло новое чудо: в ответ петуху за окном... запел бюст Варвары Сергеевны. Да, да, бюст: заглушенное кукареку сперва из левой, потом из правой груди...

Разоблачитель чудес с торжеством вытащил оттуда — левого и правого — молодых петушков. Кру-
20 гом кудахтали от смеха. Госпожа Столпакова была, как послереволюционный Александр III: внизу кем-то вырезана позорная надпись, а он делает вид, что не знает о ней — но зато знает что-то другое.

Это другое — был сахар: стеганую сахаром безрукавку Варвара Сергеевна все-таки довезла.

3

И вот уже затихли бои, созданием мирных ценно-
30 стей занялась вся республика — в том числе, конечно, и Варвара Сергеевна. Ее ценности были: наполеоны, эклеры, меренги, бисквиты.

ковровая: из ковра

законные: т.е. не запрещённые □ **вещества:** т.е. продукты

мышиный: как у мыши

вгрызаться: всматриваться (грызя как мышь)

вызов: т.е. была готова к борьбе

ради: во имя

впустить в себя: зд. загипнотизировать

кукареку: крик петуха □ **запнуться:** прерваться

запеть: начать петь

заглушённое: глухое

сперва: сначала

разоблачитель: тот, кто обнаруживает □ **чудеса:** см. чудо

петушок: маленький петух

кудахтать: о крике курицы (зд. хохотать)

вырезана: выгравирована □ **позорная надпись:** т.е. оскорбительные, грубые слова

довезла: т.е. благополучно привезла домой

затихли бои: кончилась гражданская война □ **ценность:** зд. блага

наполеоны: сладкие пирожные

С корзинкой в руках она воздвигалась на базарной площади, где, понятно, уж всем была известна чудесная история о поющем бюсте. Сбоку или сзади тотчас же раздавалось: «Ку-ккаре-ку!» — это человеческие петушки, как зарю, приветствовали Варвару Сергеевну.

Однажды петушиное пение, едва начавшись, оборвалось. Варвара Сергеевна оглянулась и увидела над толпою, над всеми головами — чью-то одну голову
10 на тончайшей, жердяной шее, чьи-то руки, погружающиеся в волны мальчишек. Затем покоритель мальчишек подошел к ней:

— Вы меня помните? Я — Миша.

Варвара Сергеевна сейчас же вспомнила: это был сын бывшего предводителя дворянства — тот самый, какой играл теперь на трубе в ресторане Нарпита. Ростом он был даже чуть выше Варвары Сергеевны, но это был только человечий каркас, не обтянутый мясом, и когда он двигался в толпе, казалось, что как во времена Марата — добрые патриоты
20 несут эту голову, поднятую на копье.

Теперь она была рядом — эта трагическая, окровавленная голова — кровь текла из носу и была пролита за Варвару Сергеевну... Варвара Сергеевна, ни секунды не колеблясь, взяла наполеон, отложенный для него, для единственного, для Ростислава, и подала Мише: — Вот... не хотите ли?

Миша хотел. Он явно хотел не только наполеона, но и Александра III: он как бы нечаянно, робко
30 коснулся могучего бюста, сейчас же извинился. В бюсте у Варвары Сергеевны запело — но уже каким-то иным, не петушиным пением... С этого

воздвигалась: стояла выше всех

чудесная: изумительная □ **сбоку или сзади:** т.е. вокруг неё
раздавалось: слышалось
приветствовать: говорить "здравствуйте"

едва начавшись: как только начался □ **оборваться:** прекра-
титься □ **оглянуться:** посмотреть вокруг себя

тончайшая: очень тонкая □ **жердяная:** как жердь (длинная
палка) □ **погружаться:** опускаться □ **в волны:** т.е. в толпу
покоритель: зд. завоевавший уважение детей (из-за роста)

предводитель дворянства: представитель дворянства (до
революции □ **Нарпит:** Народное питание (советское
учреждение 20-х годов) □ **чуть:** едва
каркас: т.е. очень худой □ **обтянутый:** покрытый

Марат: французский революционер (1743-1793)
копьё: *pique*
окровавленная: вся в крови

не колеблясь: с решительностью □ **отложить:** положить в
сторону

как бы: будто □ **нечаянно:** случайно □ **робко:** нерешительно
коснулся: слегка тронул
запело: что-то начало петь
иной: другой

дня Миша был возле Варвары Сергеевны каждый
базар.

Был май, было время, когда все поет: буржуи,
кузнечики, пионеры, небо, сирень, члены Исполко-
ма, стрекозы, телеграфные провода, домохозяйки,
земля. В мезонине Ростислав, заткнув уши, наморщив косой лоб, сидел над книгой, Варвара Сергеевна — перед раскрытым окном. За окном в сирени
пел соловей, в Нарпите пела труба. Ростислав дер-
10 жал выпускные экзамены во 2-й ступени, — и самый
серьезный экзамен начинался для Варвары Сергеевны.

Письменные испытания начались на Троицу утром. Варвара Сергеевна спускалась с мезонина, чтобы идти к обедне. В самом низу темной лестницы
она увидала заткнутый за щеколду букет сирени, а
к букету была приколота записка следующего содержания:

— «Я к вам — с сиренью, а вы ко мне — с молча-
20 нием. Я так не могу больше. Ваш М.»

За обедней Варвара Сергеевна увидела и самого
«М.» — Мишу. При выходе из церкви Миша, конечно, оказался рядом с Варварой Сергеевной. Коллектив верующих тесно прижал их друг к другу, два
сердца пели рядом, был май...

— Вы... вы чувствуете: мы — вдвоем? — задых-
хаясь сказал Миша.

— Да, — сказала Варвара Сергеевна.

— И я хочу... чтобы мы... вообще вдвоем навсе-
30 гда... Я играю на трубе в Нарпите, так что я могу...
Варвара Сергеевна — да говорите же!

Перед ней мелькнул нахмуренный косой лоб Рос-

кузнечик: *grillon* □ **сирень:** *lilas* □ **Исполком:** исполнительный комитет (партии) □ **стрекоза:** *libellule* □ **проволока** □ **заткнуть:** плотно закрыть □ **наморщив лоб:** чтобы сконцентрироваться □ **косой** ≠ прямой

соловей: *rossignol*
выпускной: в конце курса □ **во 2-й ступени:** второго года

испытания: экзамены □ **Троица:** религиозный праздник (после Пасхи)
обедня: богослужение □ **в самом низу:** совсем внизу
заткнутый: засунутый □ **щеколда:** *loquet*
приколоть: прикрепить (булавкой)
содержание: зд. текст

коллектив: группа
верующий: человек, который верит в Бога

вдвоём: т.е. вы и я □ **задыхаться:** дышать с трудом

мелькнуть: быстро пройти □ **нахмуренный:** серьёзное

тислава единственного... Нет, уже не единственного! Несокрушимый, казалось, волнолом треснул, рассеялся на две половины, вступивших в смертельную борьбу, и у Варвары Сергеевны не было сил решить сейчас же, за кем она пойдет в этой борьбе.

— Завтра вечером... Приходите... я вам тогда скажу, — ответила, наконец, Варвара Сергеевна.

Завтра был решительный день для Ростислава: последний экзамен — политграмота. И завтра был
10 решительный день для Варвары Сергеевны.

4

Утром Ростислав убежал, еле хлебнув чаю. К обеду он вернулся, сияя косым треугольником лба: он победил, он выдержал!

— Студент ты мой! Столпачонок мой, един... — Варвара Сергеевна запнулась: нет, уже не единственный...

20 Снизу прибежал поздравлять Морщинкер и даже допущен был для поздравления Яков Бордюг. Утвердившись у притолоки, он начал приветственную речь:

— Как, знычть, вы... вроде, например, лошадь на ярмарке... и ежели благополучно продамши и, знычть, хвост в зубы...

Реалистические, рыжие сапоги его ерзали, он искал слов на полу, он мог каждую минуту наступить на них сапогами. От него пахло стихиями, кентав-
30 ром, потом.

— Ладно, ладно, спасибо... Иди к себе на кухню... — сморщилась Варвара Сергеевна.

несокрушимый: твёрдый □ **треснуть:** издать треск
рассеялся: разделился □ **вступить в борьбу:** начать бороться

за кем: т.е. чью сторону примет

политграмота: т.е. вопросы политического содержания

еле хлебнув: едва выпив
треугольник: геометрическая фигура (три угла)
выдержал: сдал экзамен с успехом

запнулась: вдруг остановилась

допущен был: получил разрешение войти □ **утвердившись:** прислонившись □ **у притолоки:** т.е. у двери □ **приветственный:** в знак привета
значть: значит
ярманка: ярмарка □ **ежели:** если □ **продамши:** продаётся
хвост в зубы: т.е. можно уходить (всё сделано)
рыжий: красно-жёлтый □ **ёрзать:** беспокойно двигаться

стихии: зд. природные силы □ **кентавр:** *centaure*
пот: см. весь в поту (мокрый от жары, усилия)

сморщилась: т.е. с недовольным видом

Яков Бордюг вышел, громыхая, как танк. Ушастой летучей мышью выпорхнул Морщинкер. В мезонине осталось трое: Ростислав, Варвара Сергеевна — и тень нависшей над нею судьбы. Солнце садилось, тень становилась все длиннее.

Варвара Сергеевна ждала. Ей было узко дышать, она расстегнула пуговицы на груди, она раскрыла окно. Там, на свежих, только что вынутых из комода облаках, лежала заря, краснея от любовных
10 мыслей. Ничего не подозревающий Ростислав читал газету.

Вдруг лоб у него перекосился, он крикнул, умирая: «Мама!» Варвара Сергеевна бросилась к нему:
— Что ты? Что с тобой? Ростислав!

Он уже ничего не мог сказать, он только протянул ей газетный лист. Она схватила, обжигаясь, — прочла...

В газете была статья о том, что необходимо, наконец, изменить социальный состав студенчества, о
20 том, что в этом году первый раз прием будет происходить на новых основаниях, о том, что...

Не нужно было дальше и читать. Все было так же ясно, как ясен был социальный состав Ростислава. Все для него погибло.

Как капли холодного пота, не небе проступали звезды, в ресторане Нарпита зажигались огни. Вошел Яков Бордюг, громыхнул на столе самоваром и стал у притолоки. Варвара Сергеевна молча смотрела на него: пусть стоит, все погибло... она мол-
30 ча смотрела...

Вдруг она встала, воскресла: нет, не все!

Тотчас же снаружи, под окном — робкий кашель:

ушастый: с большими ушами
летучая мышь: *chauve-souris* □ **выпорхнул:** вылетел

нависшая: которая висела

узко дышать: с трудом дышать
расстегнуть # застегнуть
вынутые из комода: т.е. чистые, свежие
заря: закат
подозревать: иметь сомнение

перекосился: наморщился (от волнения)

протянул: поднёс
схватила: взяла □ **обжигаясь:** получая ожог (см. жечь), т.е.
удар □ **прочла:** прочитала

состав: т.е. среда, происхождение
приём: т.е. экзамен
основание: зд. критерий

состав: т.е. происхождение
погибло: пропало
проступали: появлялись

громыхнул: с шумом поставил

воскресла: ожила □ **снаружи:** т.е. на улице □ **кашель:** см.
кашлять (обычно от простуды)

это он, Миша, пришел за ответом.

— Да... Да! — отвечая этому кашлю или какой-то своей мысли, сказала Варвара Сергеевна. — Да: только это одно и осталось...

Было бы бестактным спрашивать сейчас у Варвары Сергеевны, что такое «это одно», но мы вправе предположить, что Александра III, чистую науку, Мадонну, мать — все в ней сейчас победила женщина.

10 Женщина высунулась в окно. Оттуда на нее пахнуло пивом, сиренью, счастьем, оттуда донеслось чуть слышное, как запах, слово «Варечка». В бюсте у нее запело, но сейчас же, на полуфразе, оборвалось.

— Миша, я не могу сойти к вам... Миша, если бы вы знали, что произошло! Единственное, что мне теперь осталось... — Пауза. И затем самым нежнейшим из всех своих басов: — Ведь вы меня... любите? Да? И вы сделаете для меня все?

20 — Варечка!

— Тогда приходите сюда завтра в десять, и прямо отсюда же пойдем...

— В загс! — крикнул Миша.

— Как вы догадались? — удивилась Варвара Сергеевна.

Казалось бы, догадаться было нетрудно, и скорее удивительно было, как она удивилась. Но кто поймет до конца женскую душу, где — как буржуазия и пролетариат — рядом живут мать и любовница,

30 заключают временные соглашения против общего врага и снова кидаются друг на друга? Ко знает, о чем, спустившись вниз, говорила она с Морщин-

бестактный: т.е. без такта
вправе: имеет право
предположить: думать

высунулась: нагнувшись посмотрела
донеслось: достигло её слуха

на полуфразе: на половине фразы
оборвалось: остановилось

нежнейший: очень нежный, любящий
из всех своих басов: самым низким голосом

загс: где регистрируются браки, рождения, смерти
догадаться: попасть на правильную мысль

заключают временные соглашения: ненадолго соглашаются
кидаются: бросаются
спуститься ≠ подняться

кером и даже — с Яковом Бордюгом? Кто объяс-
нит, почему к утру подушка ее была мокрой от
слез?

5

Ночью шел дождь. День настал свежий, обеща-
ющий, как новая глава. Ростислав еще спал, когда
Варвара Сергеевна вышла из дому на улицу. Там
10 уже ждал ее Миша, он сиял счастьем, крахмальным
воротничком. Он только что хотел спросить о чем-
то Варвару Сергеевну, как из калитки вышел Морщинкер, а за ним — Яков Бордюг: Миша понял:
свидетели для загса. Морщинкер был в сюртуке, на
Якове Бордюге был новый синий картуз — он налезал на уши, на глаза, до времени прикрывая таинственность Бордюга.

Варвара Сергеевна вытерла платочком ресницы —
быть может, вспомнила Столпакова, табачные
20 кольца, рейтузы... Это была последняя минута сла-
бости. Затем она выпрямилась и повела за собой
армию в бой.

Загс помещался теперь в «розовой гостиной» бывшего земства. Ничего либерально-розового там теперь уже не было, стояли голые столы, на стене ви-
сел строгий плакат: «Просят отнюдь граждан на
столах не разлагаться». И под плакатом сидел человек, в кепке, как судьба — одинаково равнодушный к разложению, к смерти, к любви и к прочим
30 гражданским состояниям.

— Вступаете в брак? — сказал он, закуривая папиросу. — Невеста? — Он взял у Варвары Сергеев-

мокрый ≠ сухой

сиять: светиться, блестеть □ **крахмальный:** *amidonné*
только что хотел: собирался
калитка: маленькая дверь

свидетель: тот, кто присутствует □ **сюртук:** *redingote*
картуз: фуражка (невоенная) □ **налезал:** немного покрывал
до времени: пока □ **таинственность:** загадочность (см. загадка)

ресница: *cil*

выпрямиться: принять прямое положение (зд. она отреагировала)
помещался: находился
земство: до 1917 местное самоуправление в сельских местностях
плакат: афиша □ **отнюдь:** никоим образом
разлагаться: зд. разваливаться, ложиться, садиться
кепка: вид картуза □ **судьба:** т.е. от него зависит жизнь Столпаковой □ **равнодушный:** без интереса □ **разложение:** зд. дезорганизация □ **состояние:** положение
вступать в брак: жениться □ **закуривать:** начинать курить
невеста: т.е. будущая жена

ны документ, перелистал. — Гм... Ростислав, сем-
надцати лет... Гм... Ваш сын?

Это было началом генерального сражения. Варвара Сергеевна стояла твердо, незыблемо, как Александр III. Она оглянулась, ее взгляд был императорским, императивным.

И подчиняясь ему, Яков Бордюг подошел к столу
и сказал:

— То есть... это — вроде как мой...

10   — Как? — человек за столом даже выронил папиросу.

— Да, — твердо сказала Варвара Сергеевна. —
Хотя он и записан как сын Столпакова, но он при-
жит мною от бывшего... от гражданина Якова Бордюга, который его усыновляет ввиду нового строя и
вступления со мною в брак...

— Как? — крикнул сзади Варвары Сергеевны
Миша.

— ...и вот эти двое граждан, — Варвара Сергеев-
20 на показала на Морщинкера и на Мишу, — подтверждают мои слова.

Она еще раз оглянулась. Обрезанная белым воротничком, Мишина голова. Его посинелые губы
еле выговорили:

— Да... Подтвер... ждаю...

— Да, и я говорю то же — да, — подлетел к столу
Морщинкер.

Человек в кепке вынул из чернильницы муху, обмак-
нул перо, записал. Ростислава Столпакова больше
30 не было: родился Ростислав Бордюг, теперь уже
бесспорно — студент и будущий профессор.

Когда вернулись на мезонин (втроем — Миша ту-

перелистал: посмотрел лист за листом

сражение: бой
незыблемо: непоколебимо, стойко
оглянулась: посмотрела вокруг

подчиняясь: т.е. слушаясь

вроде как: кажется
выронить: дать упасть

записан: зарегистрирован □ **прижить:** родить

усыновляет: признаёт на правах сына □ **ввиду:** в связи с
строй: т.е. правительство

подтверждают: признают правильность

обрезанная: пораненная
Мишина: т.е. Миши □ **посинелые:** синие
еле: с трудом

чернильница: сосуд для чернил □ **муха:** *mouche* □ **обмакнуть:** погрузить в чернила

бесспорно: несомненно

да не пошел), Варвара Сергеевна сказала Якову Бордюгу:

— Ну, спасибо, Яков. Ты больше не нужен, иди... Иди к себе на кухню.

Но рыжие танки сапог не двигались, новый синий картуз прикрывал глаза, пахло кентавром, потом.

— Иди же, ставь самовар, — сморщилась Варвара Сергеевна.

Картуз вдруг соскочил с головы и полетел на кровать Варвары Сергеевны, Яков Бордюг с грохотом сел на стул, прографил пятерней караковые лохмы и сказал:

— Иди, ставь сама.

Молчание. С раскрытым ртом, онемевший Александр III.

— Ты хто мне теперь, — жана. Ну, так и иди ставь. Слышишь, что я говорю.

Самодержавие пало. Мученица науки пошла ставить самовар.

соскочил: слетел (скачком)

грохот: сильный шум

прѳграбил: зд. почесал □ **пятерня:** рука □ **караковые:** красновато-рыжые □ **лохмы:** пряди волос

онемевший: см. онеметь: стать немым

хто: кто □ **жана:** жена

самодержавие: царизм, т.е. старая власть

Thème

(Le premier chiffre renvoie à la page, le suivant aux lignes.)

Cette pièce sent le tabac. Ouvrez les fenêtres tout grand. (166-11) (160-8)

L'examen de fin d'année aura lieu lundi prochain. (160-10)

Il était à peine plus grand de taille que son frère cadet. (158-17)

La discussion s'apaise et tout le monde se remet au travail. (156-29)

Le chant venait à peine de commencer qu'il s'interrompit brusquement : quelqu'un venait d'entrer dans la pièce. (158-7/8)

Il lui suffisait d'accepter et tout aurait changé pour le mieux. (140-20)

Pourvu qu'on passe sans encombre la dernière gare. (152-18).

J'ai tendance à penser qu'il ne se rend pas compte de ses actes. (146-9)

Sans hésiter une seconde, elle prit l'argent et le donna à l'inconnu. (158-25)

Va dans ta cuisine et prépare le samovar. (162-31) (172-7).

Il effleura comme par mégarde le bras de la jeune fille (158-29/30).

Il a bien été nommé général (142-16/17).

Il ne fait aucun doute qu'il deviendra professeur. (170-31)

A la sortie de l'église les jeunes mariés se serrèrent l'un contre l'autre. (160-22, 24)

Владимир Лакшин
Белое и черное

Белое и черное — коротенькая шуточная пьеса
В.Лакшина (1933-1993). Этот автор известен как
литературный критик, чьи статьи в **Новом мире** 1960-х
годов о М.Булгакове, о А.Солженицыне сыграли большую
роль. Он также автор нескольких книг по истории
литературы.

Действие пьесы происходит в школе. Это в то же время
притча о советском мире, где официальная идеология
заставляет людей верить, вопреки очевидности и здравому
смыслу, что белое — черное, а черное — белое.
Одновременно В.Лакшин зло и смешно высмеивает язык и
нравы советской школы.

ДЕЙСТВИЕ ПЕРВОЕ

Учительница входит в класс и вешает у доски наглядное пособие:

— Арифметики сегодня не будет. Вера Семеновна заболела. Я проведу урок вместо нее. Меня зовут Солоха Карповна... Взгляните, дети, внимательно на кота, изображенного на рисунке. Какого он цвета?

ВСЕ. Черного!!!

10   — Поглядите получше. Эдик Тараканов, вопрос к тебе. Какого цвета кот?

ЭДИК *(неуверенно)*. Черный...

— Какой?

— Че-е-ерный...

— Ты хорошо подумал? Ладно, садись. Юля Цикада, взгляни внимательно на кота. Какого он цвета?

— Черного...

— Соберись, Юля. Не спеши, отвечай вдумчиво. Неужели и хвостик черный?

20   — Черный.

— Совсем-совсем?

— Нет... чуть-чуточку коричневый.

— Темно-коричневый или светло-коричневый?

— Тё.. Све...

— Ребята, кто поможет Юле? Итак, какой хвост у кота?

РАЗНОГОЛОСЫЙ ХОР. Черный... Коричневый... Желтый...

— Минуточку! Кто сказал «желтый»? Коля Букаш-
30 кин, ты?

— Я не говорил «желтый».

— А как ты сказал? Не бойся, отвечай смелее.

наглядное: которое видят все ☐ **пособие:** учебник

вместо неё: на её месте
взгляните: посмотрите
изображённый: нарисованный

неуверенно: точно не зная

соберись: подумай ☐ **вдумчиво:** с большим вниманием
неужели: возможно ли ☐ **хвостик:** маленький хвост (собака машет хвостом от радости)

чуть-чуточку: немножко ☐ **коричневый:** тёмный, буро-жёлтый
тё... све...: т.е. тё(мный), све(тлый)

разноголосый: из разных голосов

смелее: решительно, без страха

— Жё-ёл...

— А может, чуть светлее?

— Да, светлее...

— Что же, дети, светлее желтого?

МАША МУХИНА *(тянет руку)*. Бе-е... Белое!

— Правильно. Молодец, Маша! Дети, все видят белый хвост?

— Все-е-е...

— Маша Мухина, а какие у кота ушки?

10 — Черные.

— Ну-у, Маша... Целиком черные?

— Нет.

— Какие же?

МАША *(догадываясь)*. Черные с белым?

— Уже лучше. А точнее?

— Белые!

— Правильно!! Все видят, что у кота белые уши?

— Все-е-е...

— Пойдем дальше. Коля Букашкин, какие у кота

20 хвост и уши?

— Черные.

— Неправильно. Садись. Эдик Тараканов, какие хвост и уши у кота?

— Белые.

— Верно! Все слышали ответ Эдика? А теперь, ребята, подумайте хорошенько. С хвостом и ушами мы разобрались. Но сам-то кот, от хвоста до ушей, разве он черный? Не торопитесь, соберитесь с мыслями... Юля Цикада, отвечай.

30 — Черноватый...

— Что это еще за «черноватый»? Надо либо так, либо уж так. Хвост белый, уши белые, а сам чер-

жё-ёл...: т.е. жёл(тый)

тянет: поднимает

ушки: уши

целиком: совсем

догадываясь: понимая в чём дело

верно: правильно

разобрались: поняли в чём дело
разве: правда ли □ **соберитесь с мыслями:** подумайте хорошенько
черноватый: не совсем чёрный
либо: или

ный? Разве можно это назвать продуманным, принципиальным ответом?

МАША МУХИНА (*тянет руку*). Солоха Карповна, можно я скажу? У наших соседей кошка белая, а ухи у неё черные.

— «Ухи»! Стыдись, Мухина! Это не настоящая кошка, а гибрид.

— А что такое гибрид?

— Гибрид — это сомнительная кошка, мы их проходить не будем. Итак, Юля, какого цвета кот?

— Белый...

— Ребята, все слышали? Кто согласен с Юлей, поднимите руки. Против? Воздержался? Единогласно. Итак, кот, которого по ошибке, надеюсь, случайной... кто-то назвал «черным», — это белый кот. В самом деле, поглядите внимательнее. Лучше один раз увидеть, чем сто раз недослышать: с ног до головы белый, белоснежный, шерстка, как сахар, а ушки — из шелковистого белого атласа...

> *Звонок на перемену.*

— Отдохните несколько минут, и мы продолжим занятие.

> *Уходит, захватив с собой наглядное пособие.*

КОЛЯ (*Юле*). Разве он белый?

— Не знаю. Так Солоха Карповна сказала.

— Ты сама видела, что белый?

— Угу. И Эдик видел, и Маша.

— А мне он черным показался.

— Да ты что? Ты неправильно смотришь. Ты смотри не от окна к двери а от двери к окну, и вот так прищуривайся (*показывает*), и будет белый.

продуманный: разумный □ **принципиальный:** т.е. серьёзный

ухи: т.е. уши
стыдись: как тебе не стыдно
гибрид: смесь двух видов животных
сомнительная: странная □ **проходить:** т.е. изучать

воздержаться: не голосовать ни за ни против
единогласно: т.е. все согласны
случайный: т.е. не нарочный

недослышать: не хорошо слышать
белоснежный: белый как снег □ **шёрстка:** шерсть
шелковистый: похож на шёлк □ **атлас:** *satin*
перемена: отдых между двумя уроками

угу: т.е. да

прищуриваться: прикрывать глаза

ДЕЙСТВИЕ ВТОРОЕ

Звенит звонок на урок, Солоха Карповна входит и вносит новое наглядное пособие — белого кота. Вешает его на гвоздик:

— Продолжим, ребята. Итак, перед нами кот, цвет шерсти которого мы только что определили. Какой это кот?

10 В с е (*кричат весело*). Белый!

ОДИН ИЛИ ДВА СЛАБЫХ ГОЛОСА. Черный...

— Неужели есть какие-то сомнения? Эдик Тараканов, какой кот?

— Белый... (*Путается, слыша чью-то подсказку за спиной.*) То есть черный... Я хотел сказать: черно-белый...

— Дети, как это понять? Путается в простейшем вопросе. Черного от белого отличить не можете. Сказано было ясно: не понимаете чего-то — пере-
20 спросите. Кажется, целый урок бились. И сами установили, никто за язык вас не тянул. Кот...

— Белый!!!

КТО-ТО ОДИН. Серо-белый...

— А может, правда он не совсем белый? Остановитесь. Подумайте. Ведь мы говорим «белый», когда все у кота белым-бело, как простыня или чистый лист бумаги. А теперь сосредоточьтесь: можно ли положа руку на сердце сказать про этот экземпляр домашнего животного, что он вполне белый. Так в
30 жизни не бывает. Всегда найдутся оттенки, пятна, тени. Вглядитесь получше: разве у этого кота нет каких-то пятнышек, крапинок?.. А хвост, разве его

гвоздик: маленький гвоздь

только что определили: сейчас решили какого он цвета

сомнения: т.е. кто-то еще не уверен

путается: т.е. не знает, что ответит ☐ **подсказка:** см. подсказать, кто-то подсказывает (шёпотом даёт ответ)

простейший: самый простой
отличить: сделать разницу между
переспросить: ещё раз спросить
бились: старались (без результата)
никто за язык не тянул: т.е. вы свободно дали своё мнение

белым-бело: совершенно белый ☐ **простыня:** *drap*
сосредоточьтесь: сконцентрируйтесь
положа: т.е. положив
домашнее: т.е. который живёт дома, с людьми
оттенок: нюанс ☐ **пятна:** места иной окраски
вглядеться: всмотреться, внимательно посмотреть
пятнышко: маленькое пятно ☐ **крапинка:** пятнышко

можно назвать белым? Так какого цвета кот, я спрашиваю?

— Бу… бу… бурый.

— Кто сказал «бурый»?

ИСПУГАННЫЙ ПИСК. Я.

— Хорошо, Маша. Это уже ближе к делу. А что
такое, по-твоему, бурый?

— Не знаю.

— Это отчасти темный, не правда ли? Так какого

10 цвета кот, Мухина?

— Темный.

— Маша, но нельзя же назвать кота темным!
Слышала ли ты хоть раз, чтобы кто-то сказал, что
у него живет «темный кот»? (*Ребята смеются*.) Или
спел: «Темный кот у ворот…» А как надо?

— Черный кот.

— Во-о-от. Сразу бы так. Так какого кота вы видите на рисунке?

— Черного!!!

20 — Молодцы. Итак, запомните и повторите дома:
черное — это белое, а белое — это…

ВСЕ. (*хором*). Черное!!!

Дверь с легким скрипом отворяется и в класс входит, лениво перебирая лапами и метя пол хвостом,
черная кошка. Все вскакивают из-за парт. Кошка
проходит мимо доски, прыгает на подоконник и исчезает у водосточной трубы.

ВСЕ. (*кричат*). Черная кошка! Черная кошка!

Солоха Карповна быстро плюет три раза через

30 левое плечо и начинает крутиться на одном месте
быстрее, быстрее, потом садится на указку, неловко
зажав ее темной юбкой, и исчезает в окне.

бурый: серовато-коричневый

испуганный писк: тонкий крик испуга
ближе к делу: т.е. правильнее

отчасти: не совсем

хоть раз: т.е. только один раз

тёмный кот у ворот: детская песня

сразу бы так: скорее так

скрип: резкий звук □ **отворяться** = открываться
лениво: т.е. медлительно (см. лень) □ **перебирая лапами:**
мелкими шажками □ **мести:** очищать □ **вскакивать:** вставать
парта: школьный стол □ **подоконник:** т.е. плита под окном
исчезает: кошки больше не видно □ **водосточная труба:**
труба, по которой стекает вода
плюёт: см. плевать
крутиться: вертеться
указка: палочка, которой указывают в классе
зажать: сжать охватив (юбкой)

Оставшись одни, дети водят хоровод и поют:

        Сахар белый,
                        уголь черный,
        Вы скажите мне
                        сперва,
        Нужно как?
                        А я покорный,
        Я переверну слова.
        Уголь белый,
                        сахар черный,
        Ты глазам своим
                        не верь,
        Кот бесцветный,
                        зверь проворный,
        Распахнет
                        в науку дверь.
        Ухорь белый,
                        сагаль черный
        Или все наоборот...
        Так кружись же,
                        наш просторный,
        Наш веселый хоровод!

Коля Букашкин один и в задумчивости грызет ногти, поглядывая на танцующих ребят.

ЗАНАВЕС

зводить хоровод: танцевать и петь по кругу

покорный: послушный
переверну: т.е. скажу противоположное

бесцветный: без цвета
проворный: быстрый, ловкий
распахнёт: откроет

ухорь: т.е. уголь
сагаль: т.е. сахар

просторный: широкий

в задумчивости: т.е. не знает, что думать ☐ **грызёт:** зубами
раскусывает ☐ **ногти:** то, что покрывает концы пальцев

Thème

(Le premier chiffre renvoie à la page, le suivant aux lignes)

Il a fait le cours de mathématiques à la place du professeur qui est tombé malade il y a quinze jours. (176-6)

Allons travailler dans cette pièce, il y fait tout de même plus clair. (178-3)

Une fois que vous aurez répondu à cette question nous passerons à la suivante. (178-19)

Il est habillé de noir de la tête aux pieds. (180-17/18)

Venons-en au fait: il paraît que vous distinguez mal les couleurs représentées sur ce dessin. (184-6, 182-18, 176-8)

Rassemblez vos pensées et concentrez-vous, sinon vous allez vous embrouiller dans votre exposé. (178-28, 182-27, 14)

Mieux vaut se taire que mentir. (180-17/18)

Dans la vie les choses ne se passent pas comme ça. (182-29/30)

Словарь

Abréviations utilisées :
cf. : voir
fém. : féminin

pf. : perfectif
plur. : pluriel
v.i. : verbe imperfectif.

La lettre soulignée indique l'accent tonique. Exemple : **(аптека)**

— А —

австрийский autrichien
агент agent
агитация agitation
аккуратно soigneusement, ponctuellement
алый écarlate
амбулатория infirmerie, polyclinique
ангел ange
арба charrette (dans le sud de la Russie
арифметика arithmétique
аромат arôme, parfum
архангел archange

— Б —

бабочка papillon
базар marché
базарный de (du) marché
бакалея épicerie
баловать v.i.: gâter
бандит bandit
барабан tambour

баранина viande de mouton
басня fable
бассейн bassin, piscine
баул malle
бег course, **на бегу** en courant
бедный pauvre
безвольный sans volonté, faible
безграничный infini, illimité
бездна abîme, gouffre
беззвучно sourdement, sans bruit
безлюдно désert
безнадёжность fém. désespoir
безнадёжный désespéré, sans issue
безответный résigné, humble
безответственный irresponsable
безрукавка gilet
безукоризненный irréprochable
безусловно absolument, certainement
безучастный indifférent
белизна blancheur
белоснежный blanc comme neige
белый blanc
бельё linge
беляк garde blanc

бе́рег rive, bord
бесконе́чность fém. infini
бесконе́чный interminable, sans fin
беспе́чный insouciant, négligent
беспо́мощный impuissant
беспоща́дный impitoyable
бесспо́рный incontestable
беста́ктный déplacé, sans tact, inconvenant
бесцве́тный incolore
бесшу́мный silencieux
бинтова́ть pf. **забинтова́ть** bander
бискви́т biscuit
бить v.i. battre, frapper, casser
благогове́ть v.i. vénérer, révérer
благодари́ть/по remercier
благополу́чие bien-être
благополу́чный bien réussi, heureux
благоро́дство noblesse
благоуха́ние arôme, parfum
благоуха́ть v.i. sentir bon, embaumer
блажно́й extravagant, dingue
бледне́ть v.i. pâlir
бле́дность fém. pâleur
бле́дный pâle
блёкнуть pf. **поблёкнуть** se fâner, se flétrir
блеск éclat
блесте́ть v.i. briller
блестя́щий brillant
блея́ть pf. **проблея́ть** bêler
блу́зка blouse, corsage
Бог Dieu
бога́тство richesse
бодри́ть v.i. réconforter, remonter; **-ся**: se donner du courage
бо́дрость fém. courage, vivacité
бо́дрый alerte, dispos
боже́ственность fém. divinité
боже́ственный divin
бой combat, lutte
боле́знь fém. maladie

боло́то marais
болтовня́ bavardage
боль douleur
больни́ца hôpital
бо́льно douloureux, qui fait mal
бормота́ть v.i. bredouiller, marmonner
борода́ barbe
борьба́ lutte, combat
босо́й aux pieds nus
бо́чка tonneau, barrique
боя́знь fém. crainte
боя́ться v.i. craindre
брак mariage, rebut
бракова́ть pf. **забракова́ть** mettre au rebut
бренча́ть (бре́нькать) v.i. cliqueter, tapoter
брить v.i. raser; **-ся**: se raser
броса́ть pf. **бро́сить** jeter, lancer; **-ся**: se jeter, se précipiter
буди́ть pf. **разбуди́ть** réveiller
бу́дка cabine, guérite
бу́дто comme si
бу́дущее avenir, futur
бу́дущий futur
бу́ква lettre
буква́льно littéralement
бу́лка petit pain
бу́лочная boulangerie
бума́га papier
бума́жный de papier, en papier
бурка́ть (бурча́ть) pf. **бу́ркнуть** grommeler, marmonner
бу́рный orageux, tempétueux
бу́рый brun
бу́ря tempête
буты́лка bouteille
бушева́ть v.i. se déchaîner
быт vie, mode de vie
бюст buste

— В —

ваго́н wagon
ва́ленки bottes de feutre

вал**ю**та devise
в**а**та ouate, coton
вв**а**ливаться pf. вв**а**литься
   se creuser, se cerner
вверх en haut
вверх**у** en haut
вгрыз**а**ться pf. вгр**ы**зться
   s'accrocher à, planter les dents
вдво**ё**м à deux
вд**о**вый de veuf
вдоль le long de
вдохнов**е**нный inspiré
вдруг soudain
вд**у**мчиво pensivement,
   de façon pénétrante
ведь car, c'est que
в**е**жливо courtoisement
везт**и** v.i. transporter, conduire
вел**е**ть v.i. ordonner
вел**и**кий grand
великол**е**пно magnifiquement
вер**ё**вка, вер**ё**вочка corde, ficelle
в**е**рить v.i. croire
в**е**рно juste, exact
верн**у**ться cf. возвращ**а**ться
в**е**рующий croyant
верх haut, dessus, sommet
верхов**о**й cavalier
верш**и**на sommet
весел**и**ть pf. развесел**и**ть
   égayer, amuser
вес**ё**лый gai
вест**и** v.i. conduire, mener
ветвь fém. branche, rameau
в**е**тка branche
в**е**тхий vieux, ancien, vétuste
в**е**чер soir
веч**е**рний vespéral, du soir
в**е**шалка porte-manteau
вещество substance, matière
вещь fém. chose
вз**а**ймы à titre de prêt
взаимообр**а**зно réciproquement
взгляд regard
вгл**я**дывать pf. взгл**я**нуть
   jeter un coup d'œil
вздых**а**ть pf. вздохн**у**ть soupirer

взр**о**слый adulte
в**и**димо visiblement
в**и**дно qu'on voit
винов**а**тый coupable, fautif
винт**о**вка fusil
вис**о**к tempe
вл**а**га humidité
власть fém. pouvoir
влет**а**ть pf. влет**е**ть pénétrer
   en volant
влечь v.i. entraîner, attirer
вли**я**ть v.i. influencer
влюбл**я**ться pf. влюб**и**ться
   tomber amoureux
вм**е**сте ensemble
вм**е**сто à la place de
вне hors de
внез**а**пно soudain, brusquement
внимание attention
внимательно attentif
вновь à nouveau
внутри à l'intérieur de
внуш**а**ть pf. внуш**и**ть
   suggérer, inspirer
в**о**бла vobla (poisson de la
   Caspienne)
вод**а** eau
вод**и**ть v.i. conduire, mener
водовор**о**т tourbillon, remous
водосточная (труба) gouttière
возбужд**а**ть pf. возбуд**и**ть
   inspirer, éveiller, susciter
возвращ**а**ться pf. возврат**и**ться
   revenir, rentrer
воздвиг**а**ть pf. воздв**и**гнуть
   élever, ériger
воздерживаться pf.
   воздерж**а**ться s'abstenir
в**о**здух air
возд**у**шный aérien
в**о**зле près de
возм**о**жность possibilité
воз**н**я remue-ménage, tapage
вокз**а**л gare
вокз**а**льный de gare
волк loup
волн**а** vague, onde

волнистый ondulé
волновать pf. взволновать
 agiter, émouvoir, troubler ;
 -ся : s'émouvoir, s'agiter,
 être inquiet
волнолом brise-lame
волос cheveu, poil
волосатый poilu
волчёнок louveteau
волшебный magique, enchanté
воля volonté, liberté
воображать pf. вообразить
 imaginer, se figurer
воображение imagination
вообще en général
вооружённый armé
вопль mas. hurlement, clameur
вопросительно l'air interrogateur
ворота pl. portail, grand'porte
воровски comme un voleur
воротник col
восклицание exclamation
восклицать pf. воскликнуть
 s'exclamer
воскресать pf. воскреснуть
 ressusciter
восстанавливать pf.
 восстановить rétablir,
 restaurer ; -ся : se rétablir,
 se relever
восторг enthousiasme
восхитительный ravissant
вощёный ciré
вперёд en avant
впереди devant, en tête
впиваться pf. впиться
 s'enfoncer, pénétrer
вполне pleinement
вправить мозги кому-нибудь pf.
 remettre à quelqu'un
 les idées en place
впрочем du reste, d'ailleurs
впускать pf. впустить
 laisser entrer, admettre
враг ennemi
врать v.i. blaguer, mentir
врач médecin

врачебный médical
вред dommage, tort, dégât
временный provisoire, temporaire
время temps
вручать pf. вручить remettre à,
 confier
врываться pf. ворваться
 faire irruption
вскакивать pf. вскочить
 bondir, sursauter
вслед за кем-нибудь à la suite de
вследствие чего-нибудь en
 conséquence de quoi
всматриваться pf. всмотреться
 scruter
всплывать pf. всплыть émerger,
 faire surface
вспоминать pf. вспомнить se
 souvenir, se rappeler, évoquer
вспорхнуть pf. prendre son vol
вставать pf. встать se lever
встрепенуться pf. s'animer,
 tressaillir
встреча rencontre
встречать pf. встретить
 rencontrer, accueillir ;
 -ся : se rencontrer, se voir
вступать в брак pf.
 вступить se marier
всунуть pf. fourrer, glisser
всхлипывать v.i. sangloter
втроём à trois
вуалька, вуаль voilette, voile
выбирать pf. выбрать choisir
выдавать pf. выдать
 donner, délivrer, livrer
выдвигать pf. выдвинуть faire
 avancer, pousser, mettre en
 avant
выделять pf. выделить mettre à
 part, en relief, détacher
выдерживать pf. выдержать
 soutenir, subir, se retenir
выдолбить cf. долбить
выдумка invention, fiction
вызов défi

выкладывать
pf. **выложить** étaler, déballer
вылавливать pf. **выловить**
attraper, prendre
вылетать pf. **вылететь** s'envoler
выложить cf. **выкладывать**
вымаливать pf. **вымолить**
obtenir à force de prières
вымыть cf. **мыть**
вынимать pf. **вынуть**
prendre, sortir, extraire
выпачкать cf. **пачкать**
выполнять pf. **выполнить**
remplir, exécuter, accomplir
выпорхнуть pf. s'envoler
выпрямляться pf.
выпрямиться se redresser
выпуск émission, mise en
circulation, lancement,
promotion
выпускной de fin d'études
вырваться cf. **вырываться**
вырезать pf. **вырезать**
découper, graver
выронить pf. laisser tomber
вырываться pf. **вырваться**
s'arracher à, s'échapper
выскакивать pf. **выскочить**
bondir, surgir
высматривать v.i. chercher
du regard, guetter
высовываться pf.
высунуться se pencher
hors de, se montrer
высокий haut
высокопарный grandiloquent,
emphatique
высохнуть cf. **сохнуть**
выстирать cf. **стирать**
выстрелить pf. faire feu
выстроить cf. **строить**
выступать pf. **выступить**
se produire, prendre
la parole, intervenir
высунуться cf. **высовываться**
вытаскивать pf. **вытащить**
emporter, tirer, traîner hors de

вытирать pf. **вытереть**
essuyer, épousseter
вытрясти cf. **трясти**

— Г —

гад reptile, canaille, vermine
газ gaze (tissu)
газовый à gaz, de gaz
галантно galamment
гармоника accordéon
гасить pf. **погасить** éteindre
гаснуть pf. **погаснуть**
s'éteindre, être éteint
гвоздик petit clou
герой héros
героиня héroïne
гибрид hybride
гибнуть v.i. périr
главный principal
гладить pf. **погладить** caresser,
passer pf.**выгладить** repasser
гладкий uni, plat, lisse
гладко couramment, sans accroc
глаз œil
глубина profondeur
глубокий profond
глумление moquerie, dérision
глупость fém. sottise, bêtise
глухой sourd ; épais ; perdu,
lointain
глушить pf. **оглушить** assourdir,
étouffer
глядеть v.i. regarder
гнаться v.i. poursuivre, serrer
de près, courir après
годиться v.i. servir, être bon pour
головокружение vertige
голод famine, faim
голодный affamé
голубой bleu ciel
голый nu
гомон brouhaha
гора montagne, mont
горестный navrant, triste
горец montagnard
горечь fém. amertume, goût amer

горизонт horizon
горло gorge
горловой de gorge
горн clairon ; forge, creuset
горсть fém. poignée, creux de la main
горький amer
горячий chaud, brûlant
горячиться pf. **разгорячиться** s'échauffer, s'emporter
господь seigneur
гостиная salon
гость hôte, invité
гостья hôtesse, invitée
готовиться v.i. se préparer
грабитель pillard, brigand
градостроение urbanisme
гражданин citoyen
гражданка citoyenne
гражданский civil
граница frontière
гребень peigne, crête
грива crinière
гробовой sépulcral
грозить pf. **погрозить** menacer
гром tonnerre
громадный colossal, immense
громоздиться v.i. s'empiler, s'entasser
громыхать v.i. gronder, rouler
грохот fracas, grondement
грубый rude, grossier, brutal
груда amas, tas, monceau
грудной de poitrine
грудь fém. poitrine
грызть v.i. ronger, grignoter
грядущий futur, à venir
грязный sale, boueux
грязь fém. saleté, boue
губа lèvre
густеть v.i. épaissir, s'épaissir

— Д —

давиться pf. **удавиться** se pendre
дальнейший suivant, ultérieur
дальний lointain, éloigné

дарить pf. **подарить** offrir
дверь fém. porte
двигаться pf. **двинуться** bouger, se mouvoir
двор cour
дворник concierge
дворянство noblesse
девушка jeune fille
дежурить v.i. être de service
дежурный responsable, personne de service
дежурство service
действие action, acte (au théâtre)
действительно effectivement
деликатность délicatesse
делиться v.i. se diviser, se partager
демобилизоваться v.i. se démobiliser
демонстрировать v.i. démontrer
денежный d'argent, pécuniaire
деньги argent
дёргать v.i. tirer par, tirailler ; -ся: avoir un tic, se tordre
деревенеть pf. **одеревенеть** s'engourdir
дерево arbre
держать v.i. tenir ; -ся: se tenir
дерзкий insolent, effronté
дерзость fém. insolence, impertinence
детский enfantin
детство enfance
дешёвый bon marché
джунгли jungle
диво merveille
дикий sauvage
диктовать pf. **продиктовать** dicter
диспетчер régulateur, dispatcher
дичь fém. gibier
длительный de longue durée, long
дневной de jour
дно fond
добавлять pf. **добавить** ajouter
добираться pf. **добраться** parvenir à

доблестный vaillant
добреть v.i. devenir meilleur
довезти cf. довозить
довоеваться combattre
    jusqu'au bout
довозить pf. довезти
    transporter jusque, déposer
довольно assez
догадываться pf. догадаться
    deviner
договор traité, contrat, accord
дождаться pf. attendre
    (jusqu'au moment voulu)
дождливый pluvieux
дождь pluie
долбить pf. выдолбить creuser
долг devoir, dette
долгий long, qui dure longtemps
долгополый à longs pans
долететь pf. долететь voler
    jusque
домашний domestique,
    de la famille
дометать pf. домести achever de
    balayer
домохозяйка maîtresse de
    maison, propriétaire
доноситься pf. донестись
    parvenir jusqu'à, arriver
допиваться pf. допиться
    boire jusque (outre mesure)
допускать pf. допустить
    admettre
дорога route
досада dépit
доска tableau (noir), planche
доставаться pf. достаться
    recevoir, revenir à, échoir
доставлять pf. доставить
    fournir, livrer
дохозяйничаться pf. vaquer
    aux soins du ménage
драгоценный précieux
дразнить v.i. taquiner, harceler,
    exciter
древний ancien, antique
дремать v.i. sommeiller

дробиться pf. раздробиться se
    morceler, se fractionner
дрова bois de chauffage
дрожать pf. дрогнуть trembler
друг ami
дружок diminutif de друг
Дунай Danube
дура sotte
дурак sot, imbécile
дурь fém. lubie
духан taverne
душа âme
душевный moral, cordial, sincère
душистый parfumé, odorant
душный étouffant, lourd
дым fumée
дыхание respiration, haleine
дышать v.i. respirer
дядя oncle

— E —

еврей juif
едва à peine
единогласно à l'unanimité
единственный unique
еле à peine
ёрзать v.i. remuer, ne pas tenir
    en place
ерунда bêtise, sottise
естественно naturellement

— Ж —

жалование traitement,
    appointement
жаловаться pf. пожаловаться
    se plaindre, se lamenter
жалостно plaintivement
жалость fém. pitié
жарить v.i. rôtir, frire, griller
жгучий brûlant
жевать v.i. mâcher
желание désir, souhait
железнодорожный ferroviaire
железный de fer
жёлтый jaune

же́нский féminin
же́нщина femme
жердь fém. perche
же́ртва victime
жесто́кий cruel
живо́тное animal
жизнь fém. vie
жило́й habitable
жильё habitation
жир graisse
жите́йский quotidien
житьё vie, existence
жму́риться pf. **зажму́риться**
  cligner des yeux
жрать pf. **сожра́ть** bouffer, bâfrer

— З —

заба́ва amusement
забинтова́ть cf. **бинтова́ть**
забира́ть pf. **забра́ть** prendre
заболе́ть pf. tomber malade
забо́р palissade
забо́тливо soigneusement
забракова́ть cf. **бракова́ть**
забыва́ть pf. **забы́ть** oublier
заво́раживать pf.
  заворожи́ть jeter un
  charme, ensorceler
за́втрак déjeuner
за́втрашний de demain
зага́дывать pf. **загада́ть**
  proposer une énigme,
  une devinette
заглуши́ть cf. **глуши́ть**
загля́дывать pf. **загляну́ть**
  jeter un coup d'œil
заговори́ть pf. se mettre
  à parler, dire
заголо́вок titre, en-tête
загоре́лый hâlé, bronzé
загс état-civil
задева́ть pf. **заде́ть** frôler, heurter
заде́рживать pf. **задержа́ть**
  retenir, retarder ;
  -ся: être retenu

задира́ть pf. **задра́ть**
  relever, retrousser
заду́мчивость fém. rêverie
задыха́ться pf. **задохну́ться**
  haleter
зажига́ть pf. **заже́чь** allumer
заика́ться bégayer
зака́зывать pf. **заказа́ть**
  commander, passer commande
зака́т coucher de soleil
зака́тывать pf. **заката́ть**
  rouler dans
закипа́ть pf. **закипе́ть**
  se mettre à bouillir
закла́дывать pf. **заложи́ть**
  mettre, encombrer, barrer,
  mettre en gage, poser les
  fondements
заключа́ть pf. **заключи́ть**
  conclure, consister en
зако́н loi
зако́нный légal, légitime
закопоши́ться pf. grouiller
закопчённый fumée
закружи́ть pf. faire
  tourbillonner, emporter ;
  -ся: se mettre à tourner
закры́тие fermeture, clôture
закури́ть pf. allumer une
  cigarette ; commencer à fumer
заку́танность le fait d'être
  emmitouflé, enveloppé
заку́тать cf. **ку́тать**
зал salle **за́льчик** petite salle
залива́ть pf. **зали́ть** inonder,
  submerger
заложи́ть cf. **закла́дывать**
залы́сина front dégarni,
  tempes dégarnies
зама́хиваться pf. **замахну́ться**
  lever sur quelqu'un
за́мертво raide mort
замеси́ть cf. **заме́шивать**
замеча́тельный remarquable
замеча́ть pf. **заме́тить**
  remarquer, noter

замешивать pf. замесить
   petrir, mélanger
замирать pf. замереть
   rester immobile, se figer
замкнуть cf. замыкать
замутить cf. мутить
замыкать pf. замкнуть
   fermer, clore
занавеска rideau
заново à nouveau
запах odeur
запинаться pf. запнуться
   s'arrêter, buter, rester court
запирать pf. запереть fermer
   à clé
записка billet, note
записывать pf. записать
   inscrire, prendre note, noter
запоминать pf. запомнить
   retenir, garder en mémoire
запретный défendu, interdit
запрудить pf. emplir
запрягать atteler
запятая virgule
зарабатывать pf. заработать
   gagner (en travaillant)
заражение contamination
заранее à l'avance
зарастать pf. зарасти être
   envahi par, se couvrir de
зарезать cf. резать
заросли pousses, broussailles
заря aurore, aube, lueur
заснуть cf. засыпать
заставлять pf. заставить
   forcer, obliger, contraindre
застить pf. couvrir, cacher
застрять pf. s'embourber
застывать pf. застыть
   se figer, prendre, geler
засыпать pf. combler,
   remplir, couvrir
засыпать pf. заснуть v.i.
   s'endormir
затворник reclus, ermite
затем ensuite
затеряться pf. s'égarer, se perdre

затихать pf. затихнуть se calmer
заткнуть cf. затыкать
затопотать pf. piétiner
затрачивать pf. затратить
   dépenser
затыкать v.i. boucher, bâillonner
затылок nuque
заунывный lugubre, mélancolique
захлопнуться pf. se fermer avec
   bruit, claquer
заходиться v.i. se figer, se glacer
зачёсывать pf. зачесать peigner
зашурудить mélanger, remuer
защита défense, sauvegarde
защищать cf. защитить défendre
заявлять pf. заявить déclarer
звезда étoile
звенеть v.i. sonner, tinter
зверь bête, fauve
звон son, tintement
звонок sonnette
звук son
здоровенный robuste, solide
здоровый en bonne santé, sain
здоровье santé
зевака badaud
землетрясение séisme
земля terre, terrain
земляной de terre
земной terrestre
злиться v.i. être furieux contre,
   enrager
зло mal
злоба méchanceté, haine
злобный méchant
злодей malfaiteur
злоденята engeance de
   malfaiteurs
злостность méchanceté
знак signe
знакомить pf. познакомиться
   v.i. présenter, faire connaître ;
   -ся : faire la connaissance
знакомый connu
знаменательный important,
   de grande portée, notable
знамение signe

знаменитый célèbre, renommé, illustre
знамя drapeau
знойный torride, brûlant
золотистый doré
золотой d'or, en or
зонт (зонтик) parapluie, ombrelle
зритель spectateur
зрячий voyant, qui voit

— И —

игла, иголка aiguille
игрище jeu, divertissement
избаловать cf. баловать
известие nouvelle, information
известный connu
извинение excuse
извлекать pf. извлечь extraire
извозчик cocher de fiacre
извозчичий de cocher
изготовленный fabriqué, confectionné
издавать pf. издать éditer, émettre
изделие produit, article
изливаться pf. излиться s'épancher
изменять pf. изменить changer, trahir ; -ся : changer, varier
измождённый émacié, hâve
изображать pf. изобразить représenter, peindre
изобретать pf. изобрести inventer
изредка de temps en temps
изумлять pf. изумить étonner, surprendre
икона icône
иметь v.i. avoir, posséder
имя prénom, nom
иначе autrement
иной autre
иногда quelquefois, parfois
интеллигент intellectuel
интерес intérêt
интонация intonation

искать v.i. chercher
исключительный exclusif
искра étincelle
искупать pf. искупить racheter, expier
исподтишка sournoisement
исполком comité exécutif
исполнение exécution, réalisation
исполнительный exécutif
исполнять pf. исполнить exécuter
испуг frayeur
испуганный effrayé
испугать cf. пугать
испытание épreuve, essai
истома langueur
источать v.i. répandre, exhaler
истощать pf. истощить épuiser
исчезать pf. исчезнуть disparaître

— K —

каждый chaque
калечить pf. искалечить mutiler, estropier
калитка portillon
каменеть pf. окаменеть se pétrifier
каменистый pierreux, rocailleux
каменный de pierre, en pierre
камень pierre
камешек caillou
канареечный de canari
капля goutte
капуста chou
караковый bai-brun
карась carassin
караул garde
карий marron
каркас carcasse
карнавал carnaval
карточка carte, fiche
картошка pomme de terre, patate
картуз casquette
касаться pf. коснуться toucher, effleurer, concerner

кассир caissier
кассирша caissière
катастрофа catastrophe
качаться v.i. se balancer,
   être ballotté
каша bouillie
кашель toux
кепка casquette
керосинка réchaud à pétrole
кивать pf. кивнуть faire un
   signe de tête, hocher
кизяк fumier séché
кипеть v.i. bouillir, battre son
   plein
кирпич brique
кисть fém. grappe ; pinceau
китель tunique
клавесин clavecin
клад trésor
кладбище cimetière
кланяться pf. поклониться
   saluer, s'incliner
кличка surnom, sobriquet
ключ clé
ковёр tapis
коврик diminutif de ковёр
ковровый de tapis
кожа peau, cuir
колбаса saucisson
колебаться v.i. hésiter, osciller
колено genou
количество quantité
колокольчик clochette
колотить v.i. frapper, battre
кольцо anneau
колючий piquant
ком boule, motte
команда équipe
комический comique
комната chambre, pièce
комод commode
кондуктор receveur, conducteur
конечно certainement, bien sûr
конструктор jeu de construction
конь cheval
копить pf. накопить
   amasser, accumuler

коптиться fumer,
   dégager de la fumée
кора écorce
корзина panier
корзинка diminutif de корзина
коридор couloir, corridor
коричневый brun, marron
кормить v.i. nourrir
коровий de vache
коснуться cf. касаться
косой oblique, penché, qui louche
костёр bûcher, feu de bois, brasier
кот chat, matou
котомка besace
крапинка moucheture
красавец bel homme
краснота rougeur
красота beauté
крепко fortement, solidement
крестить v.i. baptiser
крикнуть pf.; pousser un cri
кровать fém. lit
кровь fém. sang
кроткий doux, humble
кротость fém. douceur
круг cercle
круглый rond
кружиться v.i. tourner, tournoyer
крутиться v.i. tourner
крыло (plur. крылья) aile
кудахтать v.i. glousser, caqueter
кузнец forgeron
кузница forge
кукуруза maïs
кукурузный de maïs
купальня bains (établissement)
купаться v.i. se baigner
купе compartiment
курган tertre (funéraire), tumulus
курица poule
курочка diminutif de курица
курчавый frisé
куст buisson, arbrisseau
кустарник buissons, broussaille
кутать pf. закутать emmitoufler
кухня cuisine
кухонный de cuisine

кучер cocher

— Л —

ладно d'accord, soit
ладонь paume
лазурно couleur d'azur
лапа patte
лапушка diminutif de **лапа**
Латвия Lettonie
латыш Letton
ласковый caressant, affectueux,
   câlin
лёгкий léger, facile
легкомысленный léger, irréfléchi
лёд glace
ледяной glacé
лезть v.i. grimper, escalader,
   entrer
лекарство médicament
лепетать pf. **пролепетать**
   balbutier
лепёшка galette
лес forêt
лесистый boisé
лесной relatif au bois, à la forêt
лестница escalier, échelle
лечебница clinique
лечить v.i. soigner
лечь cf. **ложиться**
либо ou, soit
ливень averse, ondée
лист feuille
листва feuillage
листовой en feuilles
листок feuillet
лить v.i. verser
лихорадка fièvre
лихорадочно fièvreusement
лицезрение action de scruter,
   dévisager
лицо visage, face
личный personnel
лишний superflu, de trop
лишь seulement, ne... que
лоб front

ловить pf. **поймать** attraper,
   saisir
ловкий adroit, habile
ложа loge
ложиться pf. **лечь**
   se coucher, s'allonger
локоть coude
лопатка omoplate
лопаться v.i. crever, éclater,
   se rompre
лохмы mèches, cheveux
   en désordre
луноход robot lunaire
лучше mieux
любимый aimé, préféré
любитель amateur
любить v.i. aimer
любоваться pf. **полюбоваться**
   admirer
любой n'importe quel
любопытство curiosité
любопытствовать pf.
   полюбопытствовать être
   curieux, s'intéresser
людный animé, fréquenté
люстра lustre
лютый farouche, rigoureux, vif
лысый chauve

— М —

магнолия magnolia
малый petit
манный de semoule
марать v.i. salir, souiller
масса masse
мастерская atelier
мастерство maîtrise, métier
материал matériel, matériaux
матёрый gros
махнуть pf. sauter ; faire son
   deuil, laisser tomber
маяк phare
маяться v.i. languir, s'exténuer
мебель fém. meuble,
   ameublement
медленно lentement

между entre
мелкий petit, menu ; mesquin
мелодия mélodie
мелочь fém. petite monnaie ;
   détail, bagatelle
мелькать pf. мелькнуть
   passer rapidement, scintiller
мера mesure
меренга meringue
мерзавец gredin, canaille
мёртвый mort
мерцать v.i. scintiller, vaciller
мести pf. подмести balayer
метаться v.i. s'agiter, se démener
метрика acte de naissance
мечта rêve
мечтать v.i. rêver
мешок sac
миг instant, clin d'œil
микрорайон quartier
милиционер milicien
милый cher, gentil
мимо près de
миндалевидный en forme
   d'amande
минувший passé, écoulé
мир paix, monde
мирный pacifique
мировоззрение vision du monde
миротворец pacificateur
мироточивый qui répand
   une odeur de myrrhe
миска écuelle, jatte
мнение opinion, avis
многократный réitéré, fréquent
многодетный chargé d'une
   famille nombreuse
многочисленный nombreux
множество multitude
мобилизовать v.i. mobiliser
могила tombe
могильник sépulcre
могучий puissant, vigoureux
мозг cerveau
мокрый humide, mouillé
мол dit-il (elle)
молодец gaillard ; bravo

молодой jeune
молодость fém. jeunesse
молчаливый silencieux, taciturne
молчать v.i. se taire
монастырь monastère
монахиня religieuse
монашка diminutif de монахиня
морковь fém. carotte
морщить v.i. plisser rider ;
   -ся : se contracter, grimacer
мотаться v.i. se balancer,
   ballotter, se trimbaler
мотив motif
мотивчик diminutif de мотив
мощный puissant
мрачнеть pf. помрачнеть
   s'assombrir
мудровать v.i. se perdre dans
   les subtilités
муж mari, époux, homme
мужество courage
мука supplice, tourment
мука farine
мурава herbe
мутить v.i. troubler
мутный trouble
мучать tourmenter
мученик martyr
мучить v.i. tourmenter, faire souffrir
мыло savon
мыльный de savon
мысленный mental, en pensée
мысль fém. pensée
мыть v.i. laver
мышиный de souris
мышь fém. souris
мягкий mou ; doux
мякоть fém. pulpe, chair
мямлить pf. промямлить
   mâchonner, lambiner
мясо viande
мять v.i. froisser, chiffonner

— H —

набирать pf. набрать ramasser,
   prendre

наблюдать v.i. observer
навзничь à la renverse
навзрыд en sanglots
нависать pf. **нависнуть**
    surplomber, menacer
наган revolver
нагибаться pf. **нагнуться**
    se pencher, se courber
надвигать pf. **надвинуть**
    enfoncer, mettre sur ;
    s'approcher, avancer
надежда espérance, espoir
наделять pf. **наделить**
    donner en partage, avoir
надёргаться pf. avoir plein de tics
надеяться v.i. espérer
надобность besoin, nécessité
надпись fém. inscription
наизусть par cœur
найти(сь) cf. **находить(ся)**
назначать pf. **назначить**
    désigner, nommer, assigner
называть pf. **назвать**
    appeler, nommer
наказывать pf. **наказать**
    punir, châtier
накидывать pf. **накинуть**
    mettre sur soi, jeter
накладная récépissé
наконец finalement
накопить(ся) cf. **копить(ся)**
накручивать pf. **накрутить**
    rouler sur, autour
накурить pf. enfumer
налаживаться pf.
    наладиться s'arranger
налезать pf. **налезть** entrer
    dans, enfiler
намёк allusion
намолить pf. obtenir par la prière
наморщить cf. **морщить(ся)**
напитаться pf. être rassasié,
    imprégnié, imbibé
наповал à mort, raide
наполнять pf. **наполнить** remplir
наполовину à demi

направлять pf. **направить**
    diriger, envoyer ; **-ся** : se diriger
напротив au contraire, en face de
напряжённый tendu
напугать(ся) cf. пугать(ся)
напяливать pf. **напялить**
    enfiler à grand-peine
нарушение infraction
наряд atour
насвистывать v.i. siffloter
насквозь de part en part
наслаждаться pf. **насладиться** se
    délecter, jouir de
наслаждение délectation,
    jouissance
насмешка moquerie, persiflage
насмешливый moqueur, railleur
наставать pf. **настать** arriver,
    commencer
наступать pf. **наступить** arriver,
    commencer ; marcher sur
настороженный éveillé, sur
    ses gardes
насторожиться pf. être sur
    ses gardes
настоящий véritable ; présent,
    actuel
насупливать pf. **насупить** froncer
насчёт à propos de
насыщенный saturé, chargé
натыкаться pf. **наткнуться**
    se heurter contre, tomber sur
натягивать pf. **натянуть** tirer,
    tendre
наука science
нахмуренный renfrogné
находить pf. **найти** trouver ;
    -ся : se trouver
начальник chef, supérieur
небесный céleste
небось pour sûr
неведение ignorance
неведомый inconnu, ignoré
невеста fiancée
негодяй vaurien, gredin
недоброжелательство
    malveillance

недоумева́ть v.i. être perplexe, embarrassé

неду́г maladie, infirmité

не́жный tendre

незаме́тный imperceptible, de peu d'importance

незло́бный doux, qui n'est pas méchant

незы́блемый inébranlable, ferme

неизве́стный inconnu

не́кий un certain

неле́пый absurde

неме́ть pf. онеме́ть devenir muet

немо́й muet

ненадо́лго pour peu de temps

необходи́мость fém. nécessité

необходи́мый indispensable

неожи́данный inattendu

неотрази́мый incontestable, irréfutable

непого́да intempérie

непого́жий relatif au mauvais temps

неподви́жный immobile

непоня́тный incompréhensible

непопра́вимый irréparable, irrémédiable

непреме́нно immanquablement, absolument

не́рвно nerveusement

неря́шливый négligent, peu soigné

несмотря́ на en dépit de, malgré

несовмести́мый incompatible

несокруши́мый indestructible

несомне́нный indubitable

несправедли́вость fém. injustice

несравне́нный incomparable

нестерпи́мый intolérable, insupportable

нести́ v.i. porter

неудо́бство inconvénient

неуже́ли est-il possible que

неуклю́жий maladroit, gauche

неуме́стный déplacé, incongru

неусто́йчивый instable

неча́янный accidentel, imprévu

низ bas, partie inférieure

ни́зкий bas

никну́ть v.i. incliner la tête (plantes)

ни́тка fil

нить fil

нововведе́ние innovation

нога́ pied, jambe

но́готь ongle

но́мер numéro, chambre d'hôtel

норови́ть v.i. tâcher de, chercher à

носи́льщик porteur

носово́й nasal, du nez

ночле́г gîte pour la nuit

ночно́й nocturne

ночь nuit

но́ша fardeau, charge

нужда́ besoin

нуль zéro

ны́нешний actuel, de maintenant

— О —

обе́дня messe

обёртка enveloppe, couverture

обеща́ть pf. пообеща́ть promettre

обжига́ть pf. обже́чь brûler, carboniser

обижа́ть pf. оби́деть offenser, vexer, blesser

о́блако nuage

о́бласть fém. région, domaine, branche

облегча́ться pf. облегчи́ться s'alléger, devenir plus facile

обма́кивать pf. обмакну́ть tremper, humidifier, mouiller

обме́ниваться pf. обменя́ться échanger

обнажа́ть pf. обнажи́ть dénuder, mettre à nu

обнару́жать pf. обнару́жить découvrir, dévoiler, révéler

обнаруже́ние découverte, dévoilement

обнима́ть pf. обня́ть embrasser

обомкну́ть pf. entourer, enserrer

оборва̀ться cf. **обрыва̀ться**

образова̀ние formation, instruction

образова̀ться v.i. se former, s'organiser

обра̀тно inversement

обраща̀ться pf. **обратѝться** s'adresser à, se tourner vers

обреза̀ть pf. **обрѐзать** couper, rogner, tailler

обрыва̀ться pf. **оборва̀ться** se rompre, se déchirer, s'interrompre

обстоя̀тельство circonstance

обтира̀ть pf. **обтерѐть** essuyer, frotter

обтя̀гивать pf. **обтяну̀ть** couvrir, bien adhérer, mouler

обува̀ть pf. **обу̀ть** chausser

общѐственный social, public

о̀бщий général, commun

объя̀тие étreinte

обы̀ватель petit bourgeois

обяза̀ться v.i. devoir

овра̀г ravin

овё̀с avoine

оглуша̀ть pf. **оглушѝть** assourdir

оглушѝтельный assourdissant

огля̀дывать pf. **оглядѐть** promener son regard, examiner ; **-ся** : regarder autour de soi, se retourner

о̀гненный ardent, fougueux

огнестрѐльный à feu

ого̀нь feu

огоро̀д potager

ограблѐние pillage

одѐжда habit, vêtement

одеревенѐть cf. **деревенѐть**

одина̀ковый identique, égal, pareil

одино̀кий seul, solitaire

одино̀чество solitude

одноврѐменно simultanément

одолева̀ть pf. **одолѐть** surmonter, vaincre

ожесточѐние endurcissement, acharnement

озаря̀ться pf. **озарѝться** s'éclairer, s'illuminer

о̀зеро lac

озира̀ться v.i. promener ses regards autour

ознобѝть pf. être pris de frissons

ока̀зывать pf. **оказа̀ть** témoigner, donner ; **-ся** : se trouver, s'avérer

окаменѐть cf. **каменѐть**

оклика̀ть cf. **оклѝкнуть**

окно̀ fenêtre

оконча̀тельный définitif

око̀шко guichet, fenêtre

окрѐстность fém. environ, alentour

окрова̀вливать pf. **окрова̀вить** ensanglanter

окружа̀ть pf. **окружѝть** entourer, encercler

окружѐние entourage, encerclement

окружно̀й d'arrondissement

окру̀жность fém. circonférence

омыва̀ть pf. **омы̀ть** laver, baigner

онемѐть cf. **немѐть**

опада̀ть pf. **опа̀сть** tomber

опа̀здывать pf. **опозда̀ть** être en retard

опла̀кивать pf. **опла̀кать** pleurer quelqu'un

оплоша̀ть cf. **плоша̀ть**

опозда̀ть cf. **опа̀здывать**

опра̀вдываться pf. **оправда̀ться** se justifier

оправля̀ться pf. **оправѝться** se remettre, se rajuster

определя̀ть pf. **определѝть** déterminer, définir

опуска̀ть pf. **опустѝть** baisser, faire descendre

опухну̀ть pf. **пу̀хнуть**

о̀пухоль fém. tumeur

о̀пытный expérimenté

опя̀ть à nouveau, de nouveau

ора̀ть v.i. hurler, brailler

организо̀ванный organisé

орёл aigle
орех noix, noisette, noyer
орлёнок aiglon
оружие arme
освещать pf. **осветить**
   éclairer, illuminer
осёл âne
осенять pf. **осенить** себя
   крестом : se signer
осенний automnal
осень fém. automne
осиротеть cf. **сиротеть**
   devenir orphelin
оскорбительный blessant,
   injurieux, offensant
ослепительный aveuglant
ослик diminutif de **осёл**
основание fondation, base
основательный bien fondé,
   sérieux, solide
особенный particulier, spécial
особый à part, particulier
осознавать pf. **осознать**
   prendre conscience réaliser
оставаться pf. **остаться** rester
оставлять pf. **оставить**
   laisser, quitter, abandonner
останавливать pf. **остановить**
   arrêter, interrompre ;
   –ся : s'arrêter
остервенение acharnement, furie
осторожный prudent. circonspect
остроглазый à l'œil vif, au regard
   perçant
острый aigu, vif, pointu
остывать pf. **остыть** refroidir
осуждать pf. **осудить**
   désapprouver, blâmer,
   condamner
осушать pf. **осушить**
   assécher, dessécher
осуществление réalisation,
   exécution
отбегать pf. **отбежать**
   s'éloigner en courant
отбытие départ
отвернуться cf. **отворачиваться**

ответственность responsabilité
отвлекаться pf. **отвлечься**
   se distraire, s'écarter de
   quelque chose
отвоевать pf. cesser de faire la
   guerre ; conquérir
отворачиваться pf. **отвернуться**
   se détourner de, tourner le dos
отворять pf. **отворить** ouvrir
отвратительный détestable,
   dégoûtant
отвыкать pf. **отвыкнуть**
   se déshabituer
отдалять pf. **отдалить** écarter
   éloigner
отдача recul
отдельность mise à part
отдельный séparé, isolé
отдыхать pf. **отдохнуть** se reposer
отдышаться pf. reprendre son
   souffle
отзываться pf. **отозваться**
   répondre, se faire l'écho, réagir
отирать pf. **отереть** essuyer,
   frotter
отказывать pf. **отказать** refuser ;
   –ся : refuser, renoncer à
отковывать pf. **отковать**
   achever de forger
открытка carte postale
откупоривать pf. **откупорить**
   déboucher
отлечь pf. se sentir plus léger,
   soulagé
отличать pf. **отличить**
   distinguer, différencier ;
   –ся : se distinguer de
отнимать pf. **отнять** ôter,
   soustraire, enlever
отнюдь nullement, aucunement
отодвигать pf. **отодвинуть**
   écarter, reléguer, repousser
отозваться cf. **отзываться**
отправлять pf. **отправить**
   expédier, envoyer ; –ся : se
   rendre quelque part, aller

отпуска́ть pf. **отпусти́ть**
   laisser partir, lâcher
отрешённый détaché
отро́г contrefort
отси́живать pf. **отсиде́ть**
   rester jusqu'au bout, purger
отступа́ть pf. **отступи́ть**
   reculer, s'écarter, céder
отта́скивать pf. **оттащи́ть**
   tirer, traîner
отте́нок nuance, teinte
отцепля́ть pf. **отцепи́ть**
   décrocher, détacher
отча́сти partiellement
отча́яние désespoir
о́тчество patronyme
отчётливый distinct, précis
отша́тываться pf. **отшатну́ться**
   reculer
офице́р officier
о́хать pf. **о́хнуть** pousser un oh,
   gémir
охва́тывать pf. **охвати́ть**
   englober, embrasser
очередно́й suivant, énième
о́чередь fém. tour, queue, file d'attente
очерта́ние contour
очища́ться pf. **очи́ститься**
   se purifier
очки́ lunettes
очну́ться pf. revenir à soi
очути́ться pf. se trouver
оши́бка erreur, faute

— П —

паёк ration
па́зуха sein
па́лец doigt
палиса́дник palissade, jardinet
па́льма palme, palmier
па́мять fém. mémoire
папиро́са cigarette
пар vapeur, haleine
па́ра couple, paire
па́рень gars, garçon, type
па́рить v.i. étuver

па́рта pupitre
парти́йный relatif au parti
пассажи́р passager
па́хнуть v.i. sentir
па́чкать v.i. salir, tacher
пе́ние chant
первобы́тный primitif
перебира́ть pf. **перебра́ть**
   égrener, passer en revue, trier ;
   -ся : franchir, déménager
перевёртывать pf. **переверну́ть**
   retourner, bouleverser ;
   -ся : changer radicalement
перевя́зка pansement, bandage
перевя́зывать pf. **перевяза́ть**
   panser, bander
передава́ть pf. **переда́ть**
   transmettre, passer
пере́дняя entrée
переезжа́ть pf. **перее́хать**
   déménager, se rendre à un
   autre endroit
пережива́ть pf. **пережи́ть**
   supporter, éprouver, survivre
перека́лывать pf. **переколо́ть**
   casser, fendre, égorger
   successivement
перека́т banc (rivière, ruisseau)
перекла́дывать pf. **переложи́ть**
   déplacer, transporter
перекоси́ться v.i. se contracter, se
   déformer
перели́стывать pf. **перелиста́ть**
   feuilleter
переложи́ть cf. **перекла́дывать**
переме́на changement, récréation
перемина́ться v.i. piétiner,
   faire du sur place
перенасели́ть pf. surpeupler
переноси́ть pf. **перенести́**
   transporter, déplacer
переодева́ться pf. **переоде́ться**
   se changer, changer de
   vêtements
перепива́ть pf. **перепи́ть**
   boire outre mesure

перепры́гивать pf.
 перепры́гнуть sauter par
 dessus, franchir
перере́зать pf. перере́зать
 coupe., égorger
переси́ливать pf. переси́лить
 dominer, venir à bout de,
 vaincre
переспра́шивать pf.
 переспроси́ть prier de
 répéter, questionner
перестава́ть pf. переста́ть cesser
переставля́ть pf. переста́вить
 déplacer, changer de place
перестре́лка échange de coups
 de feu
переу́лок rue, petite rue
перечисля́ть pf. перечи́слить
 énumérer
перро́н quai
перча́тка gant
пе́сенка diminutif de пе́сня
пе́сня chant, chanson
песо́к (сахарный) sucre en poudre
пёстрый bigarré, bariolé
пету́х coq
петуши́ный de coq
печа́ль fém. tristesse, chagrin
печа́льный triste
пече́нье gâteau sec
печь fém. poêle
пивна́я débit de bière, brasserie
пи́во bière
пили́ть v.i. scier
писк piaulement
пи́сьменный écrit, de bureau
письмо́ lettre
пита́ние nourriture
пла́вный coulant, harmonieux
плака́т placard, affiche
пла́кать v.i. pleurer
пла́менный ardent, enflammé
план plan
плани́ровка planification, tracé de
 plan
пла́та paie, salaire
плата́н platane

плато́к mouchoir, fichu
платфо́рма quai, plate-forme
пла́тье robe, vêtement
пла́тьице diminutif de пла́тье
плач pleur, lamentation
плева́ть pf. наплева́ть/плю́нуть
 cracher ; se ficher de
племя́нник neveu
племя́нница nièce
плечо́ épaule
плоша́ть pf. оплоша́ть faire
 une gaffe
площа́дка terrain, place, palier
пло́щадь fém. place
плыть v.i. nager
плю́нуть cf. плева́ть
побежда́ть pf. победи́ть vaincre
побере́жье littoral, rive
поблёкнуть cf. блёкнуть
побужда́ть pf. побуди́ть
 éveiller, engager, inciter
побыва́ть v.i. séjourner,
 vivre, visiter
поварёшка grande cuiller
повезти́ cf. везти́
поверте́ть pf. tourner
пове́рх par-dessus, au-dessus
пове́рхностный superficiel
повести́ cf. вести́
по́вод (plur. пово́дья) bride
повора́чиваться pf.
 поверну́ться se tourner,
 se retourner
повсю́ду partout
пога́нить pf. опога́нить souiller
пога́снуть cf. га́снуть
поги́бнуть cf. ги́бнуть
погля́дывать v.i. regarder
 de temps à autre
поглоща́ть pf. поглоти́ть
 absorber, engloutir, avaler
погребе́ние enterrement,
 inhumation
погружа́ть pf. погрузи́ть
 charger, embarquer ;
 plonger, enfoncer ; -ся :

être plongé dans, s'absorber

подавать pf. **подать** donner,
présenter, offrir

подбирать pf. **подобрать**
ramasser, retrousser, assortir

подвиг exploit

поддакивать pf. **поддакнуть**
opiner, acquiescer

поддерживать pf. **поддержать**
soutenir

поджидать v.i. attendre, guetter

подметать pf. **подмести** balayer

подмотать pf. dévider, dérouler

подмурлыкивать v.i. miauler
un peu

поднимать pf. **поднять**
soulever, monter, lever ;
-**ся** : se lever, monter

подобный pareil, semblable

подобрать cf. **подбирать**

подозревать v.i. soupçonner

подозрительный suspect,
soupçonneux, méfiant

подойти cf. **подходить**

подоконник rebord de fenêtre

подорожный qui se trouve
à proximité de la route

подписывать pf. **подписать**
signer ; -**ся** : souscrire à,
s'abonner

подражательный imitatif

подробный détaillé

подробность fém. détail

подросток adolescent

подручный aide, homme de main

подсказка mot dit par en-dessous
ou que l'on souffle

подсобник auxiliaire

подставлять pf. **подставить**
mettre, placer, substituer

подступать pf. **подступить**
s'approcher, aborder

подсудимый inculpé, accusé

подсчёт compte, calcul

подтверждать pf. **подтвердить**
confirmer, affirmer

подходить pf. **подойти**
s'approcher de, aborder,
convenir

подчинять pf. **подчинить**
soumettre ; -**ся** : se soumettre

подшивать pf. **подшить** coudre

поезд train, convoi

поесть pf. manger

пожилой d'un certain âge

поза pause

поздно tard

поздравление félicitation,
congratulation

поздравлять pf. **поздравить**
féliciter, congratuler

показывать pf. **показать**
montrer, exhiber ;
-**ся** : se montrer, apparaître

покашливать v.i. toussoter

поклон salut

поклониться cf. **кланяться**

покоиться v.i. reposer, être basé
sur

покой repos, paix

покойник défunt, mort

покоритель conquérant,
vainqueur

покорный humble, docile

покрывать pf. **покрыть** couvrir,
recouvrir ;
-**ся** : se couvrir, être couvert

покупатель acheteur, client

покупательница acheteuse,
cliente

покупать pf. **купить** acheter

пол plancher ; sexe

полагать v.i. penser, supposer,
présumer ; -**ся** : être d'usage

ползти v.i. ramper, se traîner

поликлиника polyclinique

полка étagère, rayon

полковник colonel

полночь fém. minuit

положение position, situation

полоса bande, raie, zone

полоска diminutif de **полоса**

полуботинок soulier

полуденный de midi
полумрак pénombre, demi-jour
получать pf. получить
  recevoir, obtenir ;
  –ся : obtenir, arriver
полушубок pelisse courte
помещать pf. поместить
  placer, installer, loger
помещение local
помидор tomate
помимо en dehors de, à part
помирать cf. умирать
помнить v.i. se souvenir,
  se rappeler, retenir
поморщиться cf. морщиться
помощник aide, adjoint
помощь fém. aide
помрачнеть cf. мрачнеть
помять pf. froisser, chiffonner
понемногу petit à petit, tout
  doucement
поникнуть cf. никнуть
понятие idée, notion, concept
понятный compréhensible,
  intelligible
поощрять pf. поощрить
  stimuler, encourager
поп pope
пора temps, période ; il est temps
  que
поражать pf. поразить
  frapper, étonner
порог seuil
порой parfois
поросёнок porcelet
портить pf. испортить gâter,
  abîmer, détériorer ;
  –ся : s'abîmer, être gâché
портфель portefeuille, serviette
поругать pf. gronder, s'en prendre à
порушить pf. détruire, abattre
порядок ordre
посвящать pf. посвятить dédier
поселять pf. поселить établir,
  installer ; –ся : s'installer
посинелый bleui

поскрипывать v.i. grincer
  légèrement
послевоенный d'après guerre
последний dernier, ultime
пособие subvention, allocation,
  manuel
поспешить cf. спешить
поспешный hâtif
постареть cf. стареть
постепенный progressif, graduel
постовой de faction
поступать pf. поступить
  agir, se comporter, entrer
поступок action, acte
посуда vaisselle
пот sueur, transpiration
потёртый usé, râpé
потешаться v.i. s'amuser,
  se divertir
потрясать pf. потрясти
  secouer, ébranler
потрясение secousse, choc
потухать cf. тухнуть
похожий ressemblant
похоронить cf. хоронить
поцелуй baiser
почёт honneur
почти presque
пошатнуться pf. chanceler
пощёлкивать v.i. claquer, faire
  claquer de temps en temps
поэтому c'est pourquoi
правдоподобный vraisemblable
правильный juste
право droit
праздник fête
прачечная blanchisserie
предвечный éternel
предвкушать v.i. savourer
  à l'avance
предводитель chef
предмет objet
предполагать pf. предположить
  supposer, admettre
председательствовать v.i.
  présider

представля́ть pf. **предста́вить** présenter, représenter
предстоя́ть v.i. être imminent
предусмотри́тельный prévoyant
пре́жде auparavant, avant de
пре́жний précédent, ancien
презира́ть v.i. mépriser
прекра́сный beau, excellent
преодолева́ть pf. **преодоле́ть** surmonter, vaincre
пресека́ть pf. **пресе́чь** couper court, mettre un terme à
пресле́довать v.i. poursuivre, persécuter
престу́пник criminel
приблизи́тельный approximatif
прибре́жный riverain, côtier
прибыва́ть pf. **прибы́ть** arriver, augmenter, monter
прибы́тие arrivée
приве́рженный attaché ; dévoué
приве́тственный de salutation
привлека́ть pf. **привле́чь** attirer
привози́ть pf. **привезти́** amener, apporter
привокза́льный situé près de la gare
привыка́ть pf. **привы́кнуть** s'habituer
привы́чка habitude
привы́чный habituel
пригова́ривать v.i. ajouter, dire ; condamner à pf. **приговори́ть**
приготовля́ть pf. **приго́товить** préparer, apprêter
приду́мывать pf. **приду́мать** imaginer, inventer
прие́м réception, admission, accueil
прие́мная salle de réception, parloir, pièce d'accueil
прижима́ть pf. **прижа́ть** serrer contre
признава́ть pf. **призна́ть** reconnaître ; **-ся** : avouer, confesser
при́зрак fantôme, spectre
при́зрачный illusoire

прика́з ordre
прика́лывать pf. **приколо́ть**
приключе́ние aventure, mésaventure
приключа́ться pf. **приключи́ться** advenir
приколо́ть cf. **прика́лывать**
прикрыва́ть pf. **прикры́ть** couvrir, masquer, dissimuler
прила́вок comptoir
приложи́ть pf. joindre à, apposer, appliquer
примерза́ть pf. **примёрзнуть** coller, adhérer (sous l'effet du gel)
примиря́ть pf. **примири́ть** mettre d'accord, réconcilier
принима́ть pf. **приня́ть** recevoir, accueillir, prendre ; **-ся** : se mettre à
принципиа́льный de principe
приобрета́ть pf. **приобрести́** acquérir
приостана́вливаться pf. **приостанови́ться** faire une pause
приоткрыва́ть pf. **приоткры́ть** entrouvrir
припада́ть pf. **припа́сть** tomber (aux pieds de quelqu'un)
приса́живаться pf. **присе́сть** s'asseoir un instant
прислоня́ться pf. **прислони́ться** s'adosser, s'appuyer
прислу́шиваться pf. **прислу́шаться** prêter l'oreille
присма́триваться pf. **присмотре́ться** se familiariser, s'habituer
пристава́ть pf. **приста́ть** coller, attacher, importuner
пристра́ивать pf. **пристро́ить** ajouter (une construction)
приткну́ться pf. se caser, se loger
притоло́ка linteau

притуши́ть pf. baisser
  (la lumière, le feu)
прихвати́ть v.i. prendre avec
  soi, saisir
прихо́д paroisse
приходи́ться v.i. falloir, avoir
  un lien de parenté
прихо́жая vestibule, antichambre
прихороши́ть pf. rendre plus beau
причёска coiffure
причи́на cause, raison
причита́ние lamentation
прищу́риваться pf.
  прищу́риться cligner des yeux
пробега́ть pf. **пробежа́ть**
  traverser en courant, parcourir
пробира́ться pf. **пробра́ться**
  pénétrer, se faufiler,
  se frayer un passage
пробле́скивать pf.
  проблесну́ть lancer une lueur
про́бовать pf. **попро́бовать**
  essayer
прове́дывать pf. **прове́дать**
  visiter, s'enquêter
про́вод plur. **провода́** fil
проводи́ть pf. **провести́** passer
провожа́ть pf. **проводи́ть**
  accompagner
про́волока fil de fer
прово́рный leste, agile
пограби́ть pf. piller, mettre
  à sac pendant un temps
продава́ть pf. **прода́ть**
  vendre; **-ся** : se vendre
продаве́ц vendeur
продолжа́ть v.i. continuer,
  poursuivre
проду́мывать pf. **проду́мать**
  examiner, bien réfléchir
проезжа́ть pf. **прое́хать**
  passer par, traverser
прозра́чный transparent
производи́ть pf. **произвести́**
  produire, opérer
произво́дство production

произноси́ть pf. **произнести́**
  prononcer
происходи́ть pf. **произойти́**
  avoir lieu, provenir
происше́ствие événement
пройти́сь cf. **прохажива́ться**
прокля́тый maudit
пролепета́ть cf. **лепета́ть**
пролётка calèche
пролива́ть pf. **проли́ть** verser
прома́хиваться pf. **промахну́ться**
  manquer sa cible, rater
промолча́ть pf. garder le silence
промы́шленность industrie
промямлить cf. **мямлить**
проника́ть pf. **прони́кнуть**
  pénétrer, percer
пропада́ть pf. **пропа́сть**
  disparaître, être perdu
пропа́хнуть pf. s'imprégner
  d'une odeur
прописно́й majuscule
прописывать pf. **прописа́ть**
  ordonner, prescrire, viser,
  enregistrer
пропи́тывать pf. **пропита́ть**
  imprégner, imbiber
пропорциона́льность
  proportionnalité
проса́чиваться pf. **просочи́ться**
  filtrer, suinter, transsuder
просве́чивать v.i. laisser passer
  la lumière, être transparent
проси́ться pf. **попроси́ться**
  demander la permission
проспе́кт perspective
прости́ться cf. **проща́ться**
просто́рный spacieux, vaste
простра́нство espace
проступа́ть pf. **проступи́ть**
  perler, suinter, apparaître
просыпа́ться pf. **проснуться**
  se réveiller
про́тив contre
противополо́жный opposé,
  inverse
протя́гивать pf. **протяну́ть** tendre

профиль profil
прохаживаться pf. **пройтись** arpenter
прохожий passant
прощаться pf. **проститься** faire ses adieux
прыгать pf. **прыгнуть** sauter
прятать pf. **спрятать** cacher
  -ся se cacher
птица oiseau
птичий d'oiseau
пугать pf. **испугать, напугать** effrayer
пуговица bouton
пуля balle, boulet
пускать pf. **пустить** laisser, lâcher, mettre (en circulation), libérer
пустой vide
пустыня désert
пусть soit, que (avec subjonctif)
путать v.i. embrouiller, confondre ;
  -ся s'embrouiller, s'emmêler
путёвка feuille de route, bon de séjour, ordre de mission
путь voie, chemin
пухлогубый aux lèvres enflées
пухнуть v.i. gonfler, enfler
пушка canon
пылать v.i. flamber, s'empourprer
пыль fém. poussière
пыльный poussiéreux
пытаться pf. **попытаться** tenter de
пышный somptueux, fastueux
пьянство ivrognerie
пьяный ivre, saoul
пятерня les cinq doigts de la main
пятиться pf. **попятиться** reculer, marcher à reculons
пятно tâche

— P —

рабочий ouvrier
равнина plaine
равнодушный indifférent
равный égal, pareil

равнять v.i. égaliser, comparer ;
  -ся : égaler
рад content
радовать pf. **обрадовать** réjouir ;
  -ся : se réjouir, être content
радостный joyeux
радость fém. joie
рай paradis
райком comité de district
райкомовец membre du comité de district
разбивать pf. **разбить** briser, casser, mettre en pièces,
  -ся : se casser, se partager
разбираться pf. **разобраться** comprendre, se débrouiller
разве vraiment ? Est-il possible que ?
разверзаться v.i. s'ouvrir
развеселить cf. **веселить**
разводить cf. **развести**
разворачивать pf. **разворотить** mettre sens dessus dessous, bouleverser
разглагольствование verbiage
разглядывать pf. **разглядеть** examiner, dévisager
разгневать pf. courroucer
разговаривать v.i. bavarder
разговор conversation
разговориться v.i. lier conversation; trop parler
разговорчивый bavard
разгорячиться cf. **горячиться**
раздавать pf. **раздать** distribuer ;
  -ся : retentir
раздевать pf. **раздеть** déshabiller ;
  -ся : se déshabiller
раздражать pf. **раздражить** irriter, agacer, exciter
раздражение agacement, irritation
разевать pf. **разинуть** ouvrir tout grand (bouche)
разлагать pf. **разложить** décomposer, corrompre ;
  -ся : se décomposer

разложение décomposition,
désagrégation
разлука séparation
размахивать v.i. agiter, brandir
размывать pf. **размыть**
ronger, éroder
разноголосый discordant
разнообразный varié
разный différent, divers
разоблачитель personne qui
dénonce, démasque, accusateur
разобраться cf. **разбираться**
разойтись cf. **расходиться**
разрывать pf. **разорвать**
déchirer
разум raison, intellect
рана blessure, plaie
ранение blessure
раненый blessé
ранить v.i. blesser
ранний précoce, prématuré, tôt
рано de bon matin, tôt
раскалывать pf. **расколоть**
fendre, scinder, diviser ;
-ся : se fendre, se diviser
раскладывать pf. **разложить**
mettre, étaler, répartir
распалять pf. **распалить**
enflammer
распахивать pf. **распахнуть**
ouvrir tout grand
расписание horaire
расписка reçu, quittance, récépissé
распоряжаться pf.
распорядиться donner
un ordre, disposer
распоясываться pf.
распоясаться ôter sa ceinture,
dépasser les bornes
распределять pf. **распределить**
répartir, distribuer
распрягать pf. **распрячь** dételer
рассвет aube, point du jour
рассеивать pf. **рассеять**
disséminer, disperser, dissiper
рассеянный distrait
рассердиться cf. **сердиться**

рассказывать pf. **рассказать**
raconter
рассматривать pf.
рассмотреть examiner
расставаться pf. **расстаться**
se séparer, se quitter
расстёгивать pf. **расстегнуть**
déboutonner
расстраиваться pf.
расстроиться être défait,
dans le désarroi
расстреливать pf. **расстрелять**
fusiller
растапливать pf. **растопить**
allumer, faire fondre
растериваться pf. **растеряться**
être décontenancé, perdu
расход dépense, frais
расходиться pf. **разойтись**
se disperser, diverger, se quitter
расчёт calcul, compte
рваться se démener
ребёнок enfant
револьвер revolver
регулярный régulier
редкий rare
резать v.i. couper, trancher,
blesser
рейтузы culotte de cavalier
река fleuve, rivière
речка diminutif de **река**
религия religion
речь fém. discours
решать pf. **решить** décider,
résoudre ; **-ся** : se décider
решительный résolu, décidé,
décisif
ржать v.i. hennir
рисунок dessin
робкий timide, hésitant
ровно régulièrement, absolument
родина patrie
родной natal, propre
родственник parent
рожа gueule, mine
рожать pf. **родить** mettre
au monde, engendrer

рожда́ться pf. роди́ться naître
ро́зовый rose
роль fém. rôle
рот bouche
роско́шный luxueux
рост taille, croissance
руга́тельство juron, gros mot
руга́ться v.i. jurer, dire
   des gros mots
рука́ bras, main
ру́хнуть pf. crouler, s'effrondrer
рыда́ть v.i. sangloter
ры́жий roux
рябь fém. rides (sur l'eau)
ряд rang, série
ря́дом à côté de
ря́са froc, soutane
ря́ска lentille d'eau

— C —

самодержа́вие autocratie
самолюби́вый qui a
   de l'amour-propre
санда́лия sandale
сапо́г botte
са́хар sucre
сбега́ться pf. сбежа́ться
   accourir, s'assembler
сбо́ку de côté
сбра́сывать pf. сбро́сить
   jeter, précipiter, renverser
све́жий frais, de fraîche date
свёкла betterave
сверши́ться cf. соверши́ться
свести́ cf. своди́ть
свет lumière, monde
свети́ть v.i. luire, éclairer
све́шиваться pf. све́ситься
   se pencher
свида́ние rendez-vous
свиде́тель témoin
свобо́да liberté
свобо́дный libre
своди́ть pf. свести́ mener,
   conduire, ramener à, réduire à,
   joindre

-ся : être ramené à
сво́йство propriété, caractéristique
сгора́ть v.i. se consumer
сго́рбленный voûté, courbé
сде́ржанный retenu, réservé
сде́рживаться pf. сдержа́ться
   se retenir
седо́й aux cheveux blancs, argenté
сде́нький diminutif de седо́й
семе́йный familial
семья́ famille
серди́тый fâché
серди́ться pf. рассерди́ться
   se fâcher
се́рдце cœur
середи́на milieu
сери́йный de série
серча́ться cf. серди́ться
се́рый gris
серьёзный sérieux
сжа́рить cf. жа́рить
сжига́ть pf. сжечь brûler,
   consumer
сжима́ть pf. сжать serrer,
   comprimer
сза́ди par derrière, de dos
си́ла force
си́льный fort
си́мвол symbole
си́ний bleu
сирота́ orphelin
сироте́ть pf. осироте́ть
   devenir orphelin
ситуа́ция situation
сия́ние rayonnement, éclat
сия́ть v.i. rayonner, resplendir
скаме́йка banc
скамья́ banc
скат pente
ска́терть fém. nappe
сквозно́й de part en part,
   qui traverse
сквозь au travers
склад magasin, entrepôt
скла́дывать pf. сложи́ть
   ranger, mettre ensemble,
   additionner ; -ся : se former,

s'arranger, se cotiser
скло́нный enclin à
склоня́ться pf. **склони́ться**
se pencher, s'incliner
скользи́ть v.i. glisser, déraper
ско́рбный affligé, triste
скот bétail
скрести́ v.i. racler, gratter
скрип grincement, craquement
скрипе́ть v.i. grincer, craquer
скри́пка violon
скро́мный modeste, discret
скрыва́ть pf. **скрыть**
cacher, dissimuler
ску́чный ennuyeux, fastidieux
сла́дкий sucré, doux
слегка́ légèrement, doucement
след trace, empreinte
следи́ть v.i. suivre, épier, observer
сле́довать v.i. suivre, succéder
сле́дующий suivant
слеза́ larme
слепе́ц aveugle
слепо́й aveugle
слива́ться pf. **сли́ться**
se fondre, fusionner
сли́вочное ма́сло beurre
сло́вно comme, comme si
сло́во mot, parole
сложе́ние constitution,
complexion, conformation
слу́жащий employé
слу́жба service
служи́ть v.i. servir
слух ouïe, bruit, rumeur
слу́чай cas, incident, hasard
случа́йный fortuit, accidentel
случа́ться pf. **случи́ться**
arriver, avoir lieu, se passer
слу́шатель auditeur
слу́шаться v.i. obéir
слыха́ть v.i. entendre
слы́шный audible
сме́лый audacieux, courageux
сме́на remplacement,
substitution, relève, équipe

смерка́ться pf.
сме́ркнуться commencer
à faire nuit, tomber (jour)
смерте́льный mortel
смерть fém. mort
сметь pf. **посме́ть** oser
смех rire
сме́шиваться pf. **смеша́ться**
se mélanger, se confondre
смея́ться v.i. rire -над : se moquer
сми́рный paisible, tranquille
смо́рщиться cf. **мо́рщиться**
смотре́ть pf. **посмотре́ть** regarder
смуща́ть pf. **смути́ть** troubler
смышлёный dégourdi,
intelligent, débrouillard
снабжа́ть pf. **снабди́ть** pourvoir,
munir, approvisionner
снару́жи du dehors, au dehors
снег neige
снедь fém. nourriture, mangeaille
сне́жный neigeux, enneigé
сни́зу d'en bas, par en bas
снима́ть pf. **снять** enlever, ôter
сно́ва à nouveau
снова́ть v.i. aller et venir, faire
la navette
сноси́ть pf. **снести́** porter,
emporter, démolir, endurer
со́бственность propriété
со́бственный propre, qui vous
appartient
собы́тие événement
сова́ть pf. **су́нуть** fourrer,
glisser ; -ся : se fourrer
соверша́ть pf. **соверши́ть**
accomplir, faire
соверше́нно tout à fait,
complètement
совмеща́ть pf. **совмести́ть**
faire coïncider, réunir
совреме́нный contemporain, actuel
согла́сный qui est d'accord
соглаше́ние accord
согрева́ть pf. **согре́ть** chauffer,
réchauffer ; -ся : se chauffer
соде́йствие concours, assistance

содержа́ние contenu
сожале́ние regret, pitié
   к сожале́нию malheureusement
созда́ние création, œuvre, créature
созна́ние conscience
созна́тельный conscient
сойти́ cf. **сходи́ть**
сокруша́ться pf. **сокруши́ться** se désoler, s'affliger
со́лнце soleil
со́лнечный ensoleillé
соль fém. sel
сомне́ние doute
сомни́тельный douteux, incertain
сообража́ть pf. **сообрази́ть** comprendre, saisir, considérer
сообща́ть pf. **сообщи́ть** communiquer, faire savoir
сообщник complice
соотечественник compatriote
сопе́ть v.i. souffler du nez
сопровожда́ть pf. **сопроводи́ть** accompagner
сопротивля́ться pf. **сопротиви́ться** résister, s'opposer
сор ordure, balayure, saleté
сорва́ть cf. **срыва́ть**
сосе́д voisin
сосе́дство voisinage
соска́кивать pf. **соскочи́ть** sauter, bondir
сосна́ pin
сосно́вый de pin, en pin
сосредото́чиваться pf. **сосредото́читься** se concentrer
соста́в composition, constitution, effectif
составля́ть pf. **соста́вить** assembler, composer, constituer
состоя́ние état, position
сотру́дник collaborateur
со́хнуть v.i. sécher, se dessécher
сохраня́ть pf. **сохрани́ть** conserver, garder ;
   -ся : se conserver

спада́ть pf. **спасть** baisser, diminuer
спека́ться pf. **спе́чься** se coaguler
сперва́ d'abord, en premier lieu
спеши́ть pf. **поспеши́ть** se dépêcher, se hâter
спе́шный urgent
спина́ dos
спирт alcool
сплю́нуть pf. cracher
споко́йствие tranquillité, calme
спосо́бный capable, doué
спохва́тываться pf. **спохвати́ться** se ressaisir, se reprendre
спра́вочный d'information, de renseignement
спра́шивать pf. **спроси́ть** interroger, demander
спуск descente, pente, versant
спуска́ться pf. **спусти́ться** descendre
сража́ться pf. **срази́ться** combattre, se battre
сраже́ние bataille
сра́зу du premier coup, d'emblée
среди́ parmi, au milieu de
сро́ду jamais de la vie
срок délai
сро́чный pressant, urgent
срыва́ть pf. **сорва́ть** arracher, enlever ; **-ся** : tomber, échouer, se détacher
ссо́ра querelle, dispute
ста́вить pf. **поста́вить** poser, placer, mettre
стака́н verre
ста́лкиваться pf. **столкну́ться** se heurter
стано́к machine-outil, métier, établi
стара́ние effort, application
стара́тельный appliqué, assidu
стара́ться pf. **постара́ться** s'efforcer
старе́ть pf. **постаре́ть** vieillir, devenir vieux
стари́к vieillard, vieil homme

старинный ancien
старить pf. **состарить** vieillir, faire
  paraître plus vieux
старичок diminutif de **старик**
старуха, старушка vieille femme
старый vieux, âgé
статуя statue
статься pf. arriver, devenir
статья article (journal, revue)
стая volée, troupe, banc, meute
стекать pf. **стечь** couler, s'écouler ;
  -ся : affluer, confluer
стеклянный en verre, de verre,
  vitré
стена mur, paroi
степь fém. steppe
стесняться pf. **постесняться**
  se gêner, être mal à l'aise
стирать pf. **выстирать** laver,
  blanchir
стирать pf. **стереть** essuyer,
  effacer
стих vers, verset
стихийный spontané, élémentaire,
  relatif à l'élément
стихия élément, force élémentaire
стол table
столик diminutif de **стол**
столкнуться cf. **сталкиваться**
столовая salle à manger,
  cantine, restaurant
столь tellement, tant, si
столько tant
столяр menuisier
стон gémissement
стонать v.i. gémir, geindre
стоптанный éculé
страдание souffrance
страдать v.i. souffrir
странный étrange, bizarre
страх peur, frayeur
страшный terrible, effrayant
стрелять v.i. tirer
  (au fusil, au pistolet etc.)
стрельба tir, fusillade
стремительный impétueux,
  précipité

строгий sévère, rigoureux
строить pf. **выстроить,**
  построить bâtir, construire,
  édifier
строй régime, ordre
стройный svelte, élancé, bien
  proportionné
струиться v.i. jaillir
струсить cf. **трусить**
студенчество étudiants, jeunesse
  universitaire
стук bruit, coup
стул chaise
стыдиться pf. **постыдиться**
  avoir honte
суд tribunal, cour, justice, jugement
судимость condamnation encourue
судьба destin
судья juge, arbitre
сумерки crépuscule
сумма somme
сумрак obscurité, pénombre
сумрачный sombre
сундучок mallette
сунуть cf. **совать**
супруга épouse
сухой sec, aride
сухонький diminutif de **сухой**
существо être, créature
существовать v.i. exister
сходить pf. **сойти** descendre,
  quitter ; **- с ума** : devenir fou
схватывать pf. **схватить**
  saisir, empoigner, attraper
счастье bonheur
сшибать pf. **сшибить**
  culbuter, renverser
съезжаться pf. **съехаться**
  se réunir, s'assembler, converger
сыр fromage
сырой humide, cru
сюрприз surprise

— T —

табак tabac

табачный de tabac, relatif au tabac

табурет tabouret

таинственность fém. mystère

таинственный mystérieux

тайком en secret, en cachette

тайна secret

тайник cachette

танец danse

танцевать v.i. danser

тахта divan, canapé

тащить v.i. traîner ; fig. chiper ;
  -ся : se traîner

таять v.i. fondre

твёрдый dur, solide

тёзка homonyme

тело corps

тем не менее néanmoins

темнота obscurité

тёмный sombre, obscur

тень fém. ombre

теперь maintenant

тёплый chaud, tiède ; cordial

теплота chaleur

тереться v.i. se frotter

терзать v.i. tourmenter, déchirer

терпеливый patient

терпение patience

терпеть v.i. endurer, supporter

тесный étroit, exigu ; fig. intime,
  restreint

тихий calme, silencieux, doux,
  paisible

тишина tranquillité, calme, silence

ткнуть cf. **тыкать**

товарный de marchandise

тогдашний d'alors, de ce temps-là

толкать pf. **толкнуть** pousser,
  bousculer ; fig. inciter

толковать v.i. interpréter,
  commenter, expliquer

толпа foule

тон ton

тонкий mince, fin, fig. subtil

тонуть pf. **утонуть** se noyer,
  couler

тончайший superlatif de **тонкий**

топазовый de topaze

топтать pf. **потоптать** fouler
  -ся : piétiner

топчан châlit

торговля commerce, négoce

торжество triomphe, solennité

торопливый pressé, précipité

торчать v.i. faire saillie,
  dépasser, sortir

точный précis, exact

тошно écœurant, qui donne la
  nausée

тратиться pf. **потратиться**
  dépenser, se dépenser

траурный de deuil

тревога anxiété, inquiétude, alarme

треснуть pf. émettre
  un craquement, craquer,
  assener un coup

треугольник triangle

трогать pf. **тронуть** toucher ;
  émouvoir ;
  -ся : s'ébranler, se mettre en
  route, être touché, ému

Троица Trinité

тропа chemin, sentier

тропинка sentier

тропический tropical

трофейный e trophée

труба tuyau, tube, trompette,
  clairon

труд travail, labeur

трудный difficile

труженик travailleur

трус poltron, froussard

трусить pf. **струсить** avoir
  la frousse

трусость couardise, frousse

тряска cahotage

тряхнуть pf. secouer, cahoter

тугощёкий aux joues rebondies

туман brouillard

тусклый terne, blafard, pâle

туфля soulier, pantoufle

тухнуть v.i. s'éteindre, pourrir,
  se gâter

туча nuage, nue

туш<u>и</u>ть pf. **потуш<u>и</u>ть**
éteindre, souffler

тщед<u>у</u>шный chétif, malingre

тщет<u>а</u> vanité

т<u>ы</u>кать pf. **ткн<u>у</u>ть** enfoncer,
ficher, pousser

тьм<u>а</u> ténèbres, obscurité

тюк ballot, colis

т<u>я</u>вкать v.i. japper, glapir

тяж<u>ё</u>лый lourd, pénible

т<u>я</u>жесть fém. pesanteur, poids,
gravité

тян<u>у</u>ть v.i. tirer, traîner ;
-ся : se prolonger, durer,
s'étendre

— у —

убег<u>а</u>ть pf. **убеж<u>а</u>ть** se sauver,
s'enfuir

убежд<u>а</u>ть pf. **убед<u>и</u>ть**
convaincre, persuader ;
-ся : être persuadé

уб<u>и</u>йца assassin, meurtrier

уб<u>о</u>рная cabinet (W.C)
cabinet de toilette

уваж<u>а</u>ть v.i. respecter

ув<u>а</u>жение respect

увед<u>о</u>мление avis, notification

уведомл<u>я</u>ть pf. **увед<u>о</u>мить**
informer, porter
à la connaissance, notifier

ув<u>е</u>ренный sûr de, certain

увлек<u>а</u>ть pf. **увл<u>е</u>чь**
entraîner, captiver ;
-ся : se passionner pour

увод<u>и</u>ть pf. **увест<u>и</u>** emmener

увольн<u>я</u>ть pf. **ув<u>о</u>лить**
congédier, licencier

углубл<u>я</u>ться pf. **углуб<u>и</u>ться**
devenir plus profond,
s'enfoncer, se plonger

уг<u>о</u>дно как- : comme vous
voudrez ; **что вам-** :
que désirez-vous ?

угол coin, encoignure

угол<u>о</u>вник criminel

<u>у</u>голь charbon, houille

угр<u>ю</u>мый maussade, sombre,
morose

удав<u>а</u>ться pf. **уд<u>а</u>ться**
réussir à, parvenir à

удав<u>и</u>ться cf. **дав<u>и</u>ться**

уд<u>а</u>р coup

удар<u>я</u>ть pf. **уд<u>а</u>рить** frapper ;
-ся : heurter, se cogner à

удивл<u>е</u>ние étonnement

удивл<u>я</u>ть pf. **удив<u>и</u>ть** étonner,
surprendre ; **-ся** : s'étonner

уж<u>а</u>сный effrayant, terrible,
épouvantable

<u>у</u>жинать pf. **по<u>у</u>жинать** dîner

<u>у</u>зел nœud, baluchon, paquet

<u>у</u>зкий étroit

узнав<u>а</u>ть pf. **узн<u>а</u>ть** reconnaître

указ<u>а</u>тельный indicateur

ук<u>а</u>зка baguette

укл<u>а</u>дывать pf. **улож<u>и</u>ть**
coucher, emballer ;
-ся : faire ses bagages

укор<u>и</u>зна reproche

укрыв<u>а</u>тель receleur

улыб<u>а</u>ться pf. **улыбн<u>у</u>ться**
sourire

ул<u>ы</u>бка sourire

ум<u>е</u>ренный modéré, retenu

умир<u>а</u>ть pf. **умер<u>е</u>ть** mourir

умудр<u>я</u>ться pf. **умудр<u>и</u>ться**
parvenir à, s'ingénier à, réussir

умыв<u>а</u>ть pf. **ум<u>ы</u>ть** laver ;
-ся : se laver

униж<u>а</u>ть pf. **ун<u>и</u>зить** humilier,
abaisser ;
-ся : s'humilier, s'abaisser

уним<u>а</u>ть pf. **ун<u>я</u>ть** calmer,
tranquilliser, apaiser

уничтож<u>а</u>ть pf. **уничт<u>о</u>жить**
anéantir

упомин<u>а</u>ние mention

упомин<u>а</u>ть pf. **упомян<u>у</u>ть**
mentionner

уп<u>о</u>р бить в упор frapper à
bout portant; глядеть в
упор regarder fixement

управдом gérant d'immeuble
управляться pf. **управиться**
    venir à bout de
упрёк reproche
упрекать pf. **упрекнуть**
    reprocher
упругий élastique, souple
упрямство obstination, entêtement
усаживать pf. **усадить** faire
    asseoir, placer
усаживаться pf. **усесться**
    prendre place, se carrer
усваивать pf. **усвоить**
    assimiler, apprendre
ускользать pf. **ускользнуть**
    s'esquiver, s'échapper
условие condition
условливаться pf. **условиться**
    s'entendre, convenir
условный sous condition, éventuel
услуга service
успевать pf. **успеть** avoir le
    temps de, réussir à
успокаивать pf. **успокоить**
    tranquilliser, calmer ;
    -ся : se calmer
уста bouche, lèvres
уставляться pf. **уставиться** fixer
    du regard, braquer les yeux
устанавливать pf. **установить**
    établir, placer, instituer
устареть vieillir, passer de mode
устраивать cf. **устроить**
    organiser, arranger,
    installer, **-ся** : s'installer,
    emménager, s'arranger
уступать pf. **уступить** céder
усугублять pf. **усугубить**
    renforcer, augmenter, aggraver
усыновлять pf. **усыновить**
    adopter
утверждаться pf. **утвердиться**
    affirmer, confirmer, affermir
утешать pf. **утешить** consoler
утешительный consolant
утка canard, cane

уткнуть pf. enfoncer, enfouir fig.
    se plonger, se cacher
утолять pf. **утолить**
    étancher, assouvir
утомлять pf. **утомить**
    fatiguer, exténuer, excéder
утрата perte
ухо oreille
участник participant, membre
учение étude,
    apprentissage,enseignement
учиться v.i. étudier, faire des
    études
ушастый aux longues oreilles

— Ф —

фамилия nom de famille
фартук tablier
фиалка violette
фигура figure, stature, tournure
фойе foyer
фон fond
фонарь réverbère, lanterne
фортепиано piano
форточка vasistas
фронт front
функционировать fonctionner

— X —

халат blouse (de travail), peignoir
характер caractère
хвалить pf. **похвалить**
    louer, faire l'éloge
хворостина branche sèche,
    petit bois
хижина cabane, chaumière,
    masure
химчистка teinturerie
хирург chirurgie
хитрый rusé, malin, astucieux
хлеб pain, blé
хлебать pf. **хлебнуть**
    manger, boire (lamper),
    fig. avaler, essuyer

хлебный de pain, à pain, de blé, à blé

хлопать pf. **хлопнуть** frapper, taper, claquer

хлопоты tracasseries, soucis, démarches

хлынуть pf. jaillir, tomber abondamment

хобот trompe (éléphant)

хозяин maître, patron

хозяйственный relatif à l'économie, ménager

холм colline

холод froid

холодеть pf. **похолодеть** refroidir, devenir froid

холостой à blanc

хоровод ronde, danse вести хоровод mener la danse

хоронить pf. **похоронить** enterrer

хотеться v.i. avoir envie de

хотя quoique, bien que

хохот éclat de rire

хохотать rire aux éclats

хранение garde, conservation, consigne

хранить v.i. garder, conserver

хрен raifort fig. birbe

Христос Christ

хрупкий fragile, frêle, cassant

худенький maigrichon

худой maigre

— Ц —

царить régner

цвет couleur

цветной de couleur, en couleur

целиком entièrement, tout entier

целый entier, intact

целовать pf. **поцеловать** embrasser, donner un baiser

цена prix

ценность fém. valeur, prix (objet de prix)

цепочка chaîne, chaînette

цепь fém. chaîne

церковь fém. église

цех atelier

цокать v.i. claquer, résonner

цыплёнок poussin

— Ч —

чай thé

чайник théière

час heure

часовщик horloger

частнопрактикующий médecin pratiquant dans le privé

часть fém. partie

чахотка phtisie

чахоточный phtisique

чаша coupe, calice

чашка tasse

чаща fourré

чекалка chacal

чемодан valise

чепуха sottise, bêtise

черешня cerise

чернеть noircir, se détacher en noir

чернильница encrier

чернота noirceur

чёрный noir

чёрт diable

чертёнок diablotin

чесаться pf. по- se gratter

честный honnête, proche

честь fém. honneur

четверть fém. quart

чёткий net, précis, clair

чинара platane

число nombre, date

чистить v.i. nettoyer, brosser

чистота propreté, pureté

чистый propre, pur

читательский de lecteur

член membre

членовреждение mutilation

чрезвычайный extraordinaire

чувственный sensuel

чувяк escarpin (en Crimée, dans le Caucase)
чудесный merveilleux, miraculeux
чудо (plur. **чудеса**) miracle, merveille
чума peste
чуть à peine, un tout petit peu
чучело épouvantail, animal empaillé

— Ш —

шаг pas
шагать v.i. marcher
шаркать v.i. traîner des pieds
шартрез chartreuse (boisson)
шарф écharpe
шастать v.i. flâner, se balader
шаткий instable, chancelant
шевелиться pf. **шевельнуться** remuer, bouger
шелестеть v.i. bruire, froufrouter, remuer
шёлк soie
шелковистый soyeux, lisse
шёпот murmure, chuchotement
шептать v.i. murmurer, chuchoter
шерсть fém. laine, poil (animal)
шея cou
шиворот collet
шинель manteau, capote
широкий large
шкурник homme âpre au gain, profiteur
шляпа chapeau
шнур cordon, lacet
шоколад chocolat
шоу show, spectacle
штакетник palissade, clôture
штанина jambe de pantalon
штаны culotte, pantalon

шумный bruyant, tapageur
шутить pf. **пошутить** plaisanter
шутливый badin, facétieux, plaisant

— Щ —

щедрость fém. largesse, générosité
щедрый généreux
щека joue
щёчка joue (dim.)
щи soupe aux choux

— Э —

экипаж voiture, équipage
экземпляр exemplaire
эклер éclair (pâtisserie)
экран écran
эпицентр épicentre
эстрада estrade
эхо écho

— Ю —

юбка jupe
юг sud
юношеский juvénile, jeune
юрод faible d'esprit

— Я —

явление phénomène, fait, scène (dans une pièce de théâtre)
являться pf. **явиться** apparaître, se présenter
язык langue
яичница omelette
яркий vif, éclatant, voyant
ярмарка foire
ярость fureur, rage

Composition réalisée par DIAKOM

IMPRIMÉ EN FRANCE PAR BRODARD ET TAUPIN
Usine de La Flèche (Sarthe).
LIBRAIRIE GÉNÉRALE FRANÇAISE - 6, rue Pierre-Sarrazin - 75006 Paris.
ISBN : 2 - 253 - 05747 - 9

30/8654/3